평양 상인
경성 탐방기

북한개방 시 유망사업 업종별 아이템

김 희 철

목 차

머 리 글

　필자는 금융인 출신으로 북한학을 공부한 경력 때문에 많은 분들로부터 통일이 언제쯤 되는가? 라는 질문보다는 통일이 되면 북한에 가서 어떤 장사를 하면 돈을 많이 벌수 있겠는가? 라는 질문을 더 많이 받게 된다. 사실 예전에 은행원으로 몸담고 있으면서 업무현장 속에서 경험했던 실물경제와 학문적으로 체험했던 거시경제 이 두 가지 분야가 반영된 누구나 쉽게 접할 수 있는 북한 투자 가이드북을 만들어보겠다는 생각이 필자의 머릿속을 항상 맴돌고 있었다.

　지난해에는 어느 유명 방송국과 생방송 인터뷰 중에 '북한이 개방되면 북한에 진출하여 돈을 잘 벌수 있는 사업은 어떤 것인가?' 라는 예상치 못했던 사회자의 질문을 받았다. 필자는 '현금 등을 보관하는 금고 사업을 하면 많은 돈을 벌 수 있을 것이다.'라는 답변을 했다. 예상치 못한 답변을 들었다며 무척 재미있어 하는 사회자의 반응이었다. 사실 이 책을 집필하겠다고 마음을 먹은 것도 그때 즈음이다.

　북한 진출 유망사업의 아이디어를 얻기 위해 서울의 풍물시장이 있는 황학동 벼룩시장에 자주 방문을 했었다. 그곳에서 필요한 물건을 구입하거나 어릴적에 사용하고 볼 수 있었던 다양한 물건들을 구경하며 옛 추억을 회상하는 재미를 즐기기도 했지만 주목적은 본 저서를 집필하기 위한 아이디어를 얻기 위함이었다. 또한 그동안 필자가 여러 매체를 통해서 알게 된 북한 소식과 탈북민들과의 대화를 통해 습득한 내용들을 틈틈이 메모해 두었다. 통일이 되면 북한에서 필자가 하고 싶은 여러 일들과 북한지역에 반드시 필요한 사업들을 나열하고 각 사업에 대한 주제어를 정한 다음 주제어에 맞는 설명과 함께 필자의 생각을 정리해 갔다.

이 책에서 주로 소개할 내용은 중소기업이나 일반 개인들이 북한에 진출하여 투자나 직접 운영이 가능한 사업 아이템들로 정리하였다. 북한 전 지역에서 영업이 가능한 사업, 일자리 창출과 경제를 살릴 수 있는 사업들과 특히 북한주민들에게 거부감이 없는 민생관련 제품들과 업종들이다.

가까운 미래에 대북경제 제재가 해제되고 남북한 간 교류가 활성화되는 시기가 오면 대북 투자를 위해서 남한을 비롯하여 해외 여러 기업들의 북한 진출 러시가 이루어질 것이다. 과거 개성공단 설치 전후로 북한과 무역이나 용역계약을 체결하여 다양한 제품을 생산하거나 수입했던 기업들은 대북투자의 경제성을 이미 충분히 인식하고 있을 것이다. 향후 대북투자의 길이 열리면 북한진출을 위해 관심을 갖거나 준비하는 기업들이 증가할 것이다. 북한 투자에 대한 경험유무를 떠나 북한진출에 관심이 있는 기업들에게 다시 열릴 북한지역에 대한 투자관련 정보와 자료의 필요성은 매우 커질 것이다.

이들이 참고할 만한 업종들을 정리한 이 책은 매우 시의 적절한 자료가 될 것이다. 이 책속에 담긴 사업아이템들은 현실성과 필요성의 차원에서 확인 과정을 거쳤다. 남북에 대한 상호 이해도가 높은 탈북민들을 대상으로 사전 검증절차를 거쳤다. 검증결과 북한의 현실을 잘 반영했고 대북진출을 희망하는 사람들이나 북한주민들에게 큰 도움이 될 수 있는 내용이라는 감사하고 과분한 평가를 받았다.

본 저서를 집필하는 과정에 독자들의 충분한 이해를 돕기 위해 업체나 제품 등의 실제 명칭을 사용하였다. 해당기업들의 관계자분들에게 사전 양해를 구하지 못한 점 너그럽게 혜량해주실 것을 부탁드린다. 그리고 인터뷰에 응해주신 많은 탈북민들은 신변보호를 위하여 익명처리하였음을 미리 양해를 구한다.

『통일비용 어떻게 마련할 것인가?(2012)』를 시작으로 『남북경제 금융상식 용어해설(2018)』을 출간하면서 필자가 매번 느끼는 것이 있다. 책을 낼 때 마다 필자가 전달하고자 하는 내용이 독자들에게 잘 활용되었으면 하는 바람이 크다. 하지만 서술하는데 급급해져서 자칫 잘못된 정보나 도움이 되지 못하는 내용이 독자들에게 전달되지는 않을까하는 두려움도 있다. 모쪼록 본 저서가 북한 진출을 희망하는 기업과 개인들에게 쓰임새 많은 자료로 활용되었으면 하는 것이 필자의 소박한 바람이다.

끝으로 책을 만들기까지 많은 조언과 보탬을 주신 탈북민분들과 북한연구소 이사장님 이하 연구원분들, 대학원에서 연구자의 길을 걸을 수 있도록 훌륭한 교육을 해주신 교수님께 감사를 드린다. 북한학자의 길을 갈 수 있도록 깨달음과 신념을 주셨던 평남 강서가 고향이신 아버님 금하(錦下) 김병오 선생님의 탄신 100주년을 맞는 해에 뜻깊은 출판을 하게 되어 더없이 영광스럽고 직장 생활을 병행하며 쉽지 않은 학자의 길을 포기하지 않도록 격려해주시고 공부가 결실을 맺을 수 있도록 항상 응원해 주셨던 어머님 그리고 집필 과정 중 어려움을 이겨낼 수 있도록 관심과 격려를 아낌없이 보내준 사랑하는 아내 정상미와 태형, 민지, 경환에게 감사의 마음을 전하고 싶다. 아울러 이 책을 출판할 수 있도록 많은 배려와 친절한 조언을 해 주신 수류책방 오세룡 대표님과 직원분들께도 감사한 마음을 전한다.

저자

01

건 설

- 드론자가용(Flying Car) 이착륙이 가능한 주택
- 3D프린터로 도로공사

평 양 상 인 경 성 탐 방 기

드론자가용(Flying Car) 이착륙이 가능한 주택

최근 정부에서는 2023년까지 드론택시를 선보이겠다고 발표를 했다. 인천공항에서 과천까지 대중교통으로는 122분, 즉 2시간여 소요되지만 드론의 경우 17분 정도 소요된다고 한다. 앞으로 4년 후면 드론택시가 국내에도 현실적으로 등장하게 된다는 사실이 매우 놀랍고 기대된다. 다소 엉뚱한 이야기처럼 보일 수 있으나 드론택시 상용화가 시작되면 머지않아 드론 이착륙장이 구비된 주택이 등장할 것이다.

4차 산업을 이끌어갈 강력한 수단은 많은 사람들이 3D프린터와 드론을 꼽는다. AI등 다양한 수단들도 있겠지만 그중에서도 드론의 역할은 꽹장히 중요할 것이다. 인간이 가장극복하고 싶은 것이 공간의 제약을 받지 않고 새처럼 하늘을 날아다니는 것이라고 하는데 드론이 그것을 대신할 수 있기 때문이다. 가까운 장래에 드론이 택배 업무를 수행하는 것을 시작으로 사회나 산업전반에 많은 변화가 일어날 것 같다.

필자는 앞으로의 부동산은 아파트나 토지가 아닌 임야 즉 산이 대세가 될 것 같다는 이야기를 가끔씩 하곤 했다. 그 이유인즉 드론자가용(Flying Car) 시대가 도래되면 드론이 이착륙 할 수 있는 공간이 필요하게 되는데 주택이 밀집된 지역이나 도심지역에는 이착륙이 불가능하기 때문이다. 농촌지역도 이미 주택이 밀집해있기 때문에 도시와 똑같은 문제점을 안고 있다. 이런 문제를 해결할 수 있는 가장 좋은 장소는 임야가 최적이라고 생각했기 때문이다. 산에 주택을 짓고 주택 옆에 드론 이착륙장을 만든다면 큰 어려움이 없을 것이라는 생각이다. 그러나 주택과 이착륙장을 만들기 위해서는 산림이

훼손되는 일이 발생하게 되는데 중요한 것은 이를 해결할 수 있는 다양한 대안들도 동시에 마련해야 하는 것이다.

남북통일이 되면 남한으로 출퇴근이 가능하도록 남한에서 가까운 지역이나 경관이 좋은 지역에 드론 이착륙장이 마련된 전원주택 단지를 지으면 좋겠다는 생각을 해보았다. 북한지역에는 의외로 민둥산이 많아서 그중 주변 경관이 좋은 산을 선별하여 그곳에 드론 이착륙이 가능한 주택단지를 건축하고 대신 주변 지역 중 일정면적에 직접조림을 하거나 그에 상응하는 세금을 징수하는 방법 등의 조건으로 건축허가를 내주는 정책을 마련하여 운영한다면 북한지역의 황폐화된 산들의 조림산업 활성화와 더불어 북한지역의 민둥산들이 4차 산업 시대에 걸맞는 드론자가용(Flying Car) 이착륙장이 구비된 고부가 가치의 주택단지가 들어선 유명 명소로 탈바꿈하게 될 것이다.

드론 이착륙장이 구비된 주택을 승인하고 분양하는 과정에서 발생된 재원은 북한지역 조림사업에 활용하고 북한의 특정지역에 드론자가용(Flying Car) 전용주택 단지가 형성된다면 그 지역의 경기활성화에도 많은 도움이 될 것이다. 어릴 적 우주공상영화에서나 볼 수 있었던 시대가 머지않아 북한 민둥산 지역에 멋지게 펼쳐질 전망이다.

3D프린터로 도로공사

4차 산업 시대가 도래되어 이제는 3D프린터로 집을 짓기 시작했다고 한다. 3D프린터의 노즐이 한번 오갈 때마다 높이 30cm로 시멘트 벽체가 올라가고, 2층 주택의 구조가 하룻밤 새 완성된다고 한다. 국내에는 아직 생소하지만 3D프린터 건축은 이미 미국과 유럽에서는 속속 선보이고 있는데, 러시아의 한 업체는 규모가 작은 35㎡(10.6평) 규모의 집을 영하 35도의 혹한 속에서도 하루 만에 지었다고 한다. 사람이 기계나 장비의 힘을 빌려서 집을 짓는 지금의 공법으로는 감히 상상할 수 없는 일들이다.

3D프린터로 짓는 주택은 기존 건축 양식의 틀을 벗어나 얼마든지 다양한 형태가 가능하고, 건축 비용도 건축면적에 따라 다르지만 집 한 채당 가격이 5백만 원~1천만 원 정도면 충분하다고 한다. 저렴한 비용으로 단 며칠 만에 집을 짓는 이 기술은 UN에서도 저소득층을 위한 주택 보급 방안으로 주목하고 있다고 한다.

남북한이 개방되면 가장 시급한 것이 주민들의 주택을 개보수 하거나 신축하는 것도 중요하겠지만 이런 건축에 필요한 시설물들을 실어 나르고 사람과 차량들이 편리하게 다닐 수 있는 도로 보수나 신설이 급선무일 것 같다. 기존의 도로공사의 방식은 도로공사 예정지위에 땅을 다지고 모래와 자갈을 깔고 그 위에 아스팔트를 섞은 작은 자갈을 바닥에 깔고 다시 바닥을 다지는 작업 등으로 도로를 닦는 공사가 이루지고 있다. 시간과 비용이 많이 소요되는 작업이다.

비전문가인 필자의 생각으로는 기존에 차량이동이 가능한 도로 중 보수가 필요한 도로나 보수가 어렵지만 도로의 기능을 수행하고 있는 비포장도로 노면의 높낮이나 패인 정도 등을 스캔한 후 그 정보를 3D프린터에 입력한 후 입력된 값에 따라 3D프린터로 시멘트 도로를 건설한다면 빠른 시간 동안에 많은 도로를 건설할 수 있을 것 같다.

1981년 착공해서 1984년 준공된 88고속도로는 광주와 대구를 잇는 고속도로로써 영호남 화합을 목적으로 건설된 '영호남을 오가는 최초의 고속도로'이면서 우리나라 최초 시멘트로 건설된 고속도로이기도 하다. 이후 여러 많은 시멘트 고속도로가 건설되어 시멘트 건설에 대한 기술력을 국내 건설업계는 많이 축척되어 있을 것으로 생각된다.

건축용 3D프린터의 경우 시멘트가 주재료로 사용된다고 한다. 국내 건설업계에서 40여 년 동안 축척된 시멘트도로 건설기술과 이제 서서히 자리를 잡고 그 활동 영역을 넓혀가고 있는 건축용 3D프린터를 활용하여 적은 비용과 빠른 시간 동안에 북한지역의 통행을 원활하게 해줄 수 있는 도로를 많이 닦으면 좋겠다는 생각을 해보았다.

02

광 고

• 이상한 나라의 앨리스 같은 개성 공단

이상한 나라의 앨리스 같은 개성 공단

영국의 작가 루이스 캐럴이 지은 "이상한 나라의 앨리스"에 대해서 어느 평론가는 "한 아이를 위한 판타지이며, 잘 다듬어진 농담이다. 때문에 적당한 때에 웃을 수 있는 순진함만 있다면 시대와 장소를 넘어서 누구나 즐길 수 있는 작품이다."라고 말하고 있다. 필자가 언젠가 어느 기관에서 면접을 볼 기회가 있었다. 북한을 어떻게 생각하느냐? 라는 질문에 "이상한 나라의 앨리스와 같은 나라"라고 답을 했었던 적이 있었다. 면접관들의 생각은 어떠했을지 모르지만 나의 생각은 아직도 변함이 없다.

북한은 미지의 세계와도 같은 곳이다. 다른 나라에서 어떤 특정한 사건이 발생한다면 상대적으로 그다지 관심이 없어 보이겠지만 만일 북한에서 같은 급의 비슷한 종류의 일들이 생긴다면 전 세계적으로 주목을 받는 곳이 북한이라는 나라이다. 한 나라의 대통령이 국내 어디를 방문하거나 활동을 했어도 북한처럼 관심을 받거나 보도가 되지는 못할 것이다. 그래서 아직도 필자의 생각에는 "북한은 이상한 나라의 앨리스와 같은 곳"이라 여긴다.

북한에 개성공단이 건설된 후 본격적으로 물품들이 생산되어 나오거나 또는 특정 사건들이 발생할 때와 몇 차례 공단가동이 중단 되었을 때마다 항상 전 세계 언론의 주목을 받아왔다. 왜? 그렇게 관심들이 많을까? 아마도 미지의 세계이기 때문일 것이다. 가령 남극이나 북극에 공단이 건설되어 그곳에서 발생하는 매 사건마다 전 세계적으로 개성공단만큼 주목을 받을 수 있을까? 가능 할 수도 있겠지만 북한만큼은 아닐 것이다.

필자는 북한에 특정사안이 발생할 때 마다 북한 개성공단의 전경이 국내

외 방송국의 방송화면에 비칠 때마다 항상 떠오르는 아이디어가 있었다. 그 것은 개성공단의 여러 건물들 중 개성공단 관리위원회가 상주하고 있는 개성공단 내에 우뚝 서있는 제일 높은 건물 옥상 위에 국내 기업의 홍보용 간판을 설치한다면 이슈가 있을 때마다 그 기업은 전 세계인들에게 홍보가 될 것이라는 생각을 하였다.

건물위의 홍보용 간판들을 많은 사람들이 볼 수도 있고 그렇지 않을 수도 있는데, 같은 조건이라면 전 세계인들의 눈에 비쳐지는 것이 더욱 효과적일 것이다. 그런 연유로 아직까지 북한이라는 곳은 관심을 많이 받을 수 있는 그런 나라인 셈이다. 경제논리로 계산해본다면 개성공단 건물위의 홍보용 간판은 최소의 투자로 최고의 투자를 얻을 수 있는 아주 성과가 좋은 투자대상인 것이다. 따라서 당연히 꼭 시도해봄직한 홍보기지인 것이다.

TV 화면을 통해서 북한지역을 보면 평양 등 대도심 주변과 높은 건물에는 정치적 구호가 담긴 입간판이나 구조물들이 많이 보인다. 북한이 개방되면 많은 기업들이 자기회사나 생산하고 있는 제품들을 홍보하기 위한 광고시설물 설치장소로 북한지역의 높은 건물 옥상이나 자동차들의 왕래가 많은 고속도로 주변 토지를 비롯하여 세계적으로 유명한 북한 지하철 구내의 벽면을 선점하는 임차계약을 서둘러야 할 것이다. 개방 초창기에 북한지역 주민들에게 홍보의 효과도 필요하겠지만 그것보다는 전 세계로 홍보하는 반사이익의 효과를 거둘 수 있기 때문인 것이다.

만일 개성공단 내 제일 높은 건물위에 처음으로 필자의 사진과 필자의 책을 홍보하는 현수막을 설치한다면 아마도 전 세계에서 필자와 필자의 책에 대해서 궁금해 하는 현상이 발생될 것이다. 그렇게 된다면 필자는 "이상한 나라의 앨리스"의 주인공처럼 주목받게 될 것이다. 그래서 필자에게 북한은 아직까지도 "이상한 나라의 앨리스"인 것이다.

03

교 육

- 남한말 배우는 학원
- 남북한 소통 통역사

평 양 상 인 경 성 탐 방 기

남한말 배우는 학원

북한출신 탈북민들의 이야기를 들어보면 대부분 남한에서는 외래어를 많이 사용하기 때문에 상대방의 말을 쉽게 알아들을 수 없다고 한다. 게다가 남한 사람들 역시 북한 사투리나 억양을 쉽게 알아듣지 못해서 서로 오해가 생기는 경우도 종종 발생하고 있다고 한다. 남북한이 교류하게 되고 상호 왕래가 자유롭게 되면 북한지역의 주민들중 남한에서 생활하거나 경제활동을 하고자 하는 사람들이 많아지게 될 것이다. 이런 사람들을 대상으로 남한 말을 배우는 학원을 운영해본다면 좋겠다는 생각이다.

필자가 과거에 고객 상담업무를 수행하는 콜센터에 근무한 적이 있었다. 콜센터에는 상담원들의 주된 상담업무와 억양 등의 평가를 담당 하는 QA(Quality Assurance)라는 업무를 수행하는 직원이 있다. QA는 상담 품질향상은 물론 일정 수준의 상담품질 유지와 관리를 하는 직원으로서 상담원들이 사투리는 사용하지 않고 정해진 톤과 매뉴얼대로 정확하게 상담업무를 수행하는지에 대한 세세한 부분에 이르기까지 상담원들을 평가하고 관리하는 업무를 담당하고 있는 직원이다. 여러 기관이나 회사소속 콜센터의 직원들 전화 목소리나 톤이 거의 비슷한 이유 역시 콜센터 QA의 역할 때문인 것이다.

이런 QA경험이 있는 사람들이나 콜센터 운영경험이 있는 회사에서 콜센터에서의 경험을 살려 북한지역에서 남한말을 배워주고 콜센터 직원들처럼 악센트를 교정해주는 교육 사업을 한다면 남한에 진출하려는 북한주민들에게 상당히 인기가 많을 것 같다.

몇 해 전 필자가 친분이 있는 콜센터 회사에 탈북민 2명을 대상으로 엑센트를 교정해주는 교육을 부탁한 적이 있었다. 당시에 별도로 만들어진 교재나 매뉴얼은 없었지만 콜센터 QA들이 하는 방식으로 악센트 부분만 집중해서 교정교육을 해달라고 부탁하였고, 2개월여 교육과정을 마친 후 그들 탈북민들의 소감내용은 남한에 정착하기 위해서 다른 여러 교육도 필요하겠지만 남한말을 배우는 교육이 정말로 중요하다는 이야기를 하였다. 현재 그들은 남한사회에서 열심히 활동하고 있으며, 그들 중 한 명은 대중적으로 잘 알려진 인사가 되어있다.

북한지역 주민들이 언어나 말투로 인하여 소외 받을 수 있고 아니면 사용하는 말을 잘 이해하거나 알아듣지 못해서 타인으로부터 거리감을 느끼게 하는 일들을 예방하고 언어문제로 고민하거나 상처받는 일 없이 남한지역에 성공적으로 정착 할 수 있도록 도움을 주는 학원이 북한지역에 진출한다면 남한진출을 희망하는 북한주민들도 크게 환영할 것이며, AI등 새로운 상담기법의 도입으로 점차 인력을 줄여나갈 수밖에 없는 콜센터 업계와 그 종사자들의 고민을 해결해줄 수 있는 새로운 영역이 될 수 있을 것이라는 생각이다.

남북한 소통 통역사

　남한 지역에 정착한 탈북민들과 대화를 하면서 그들에게 남과 북 두 곳에서 생활하는 동안 경험하고 학습한 점을 가지고 통일이 되어 북한에 다시 정착하여 생활한다면 어떤 일들을 할 것인가? 라며 질문을 하면 많은 사람들이 고향으로 가서 부동산 중개업을 하고 싶다. 라고 답변하는 사람들이 많았다. 그와 같은 답변은 남쪽의 많은 자본들이 북한지역 부동산에 투자할 것이라는 판단에서 단적으로 나올 수 있는 답변일 것이다. 그러나 많은 학자들이나 전문가들은 이들과는 다른 부정적인 의견을 피력하고 있다. 그들의 견해로는 남북한 간의 부동산 취득은 일정기간 동안은 제한해야 한다는 내용이 지배적이다. 그 이유는 북한이 개방되고 남북한 간에 왕래가 자유스럽다 할지라도 여러 제도 등이 마련되지 않은 상태에서 부동산을 사고팔 수 있게 한다면 남한의 자본들이 북한의 부동산시장과 경제를 해칠 수 있고 성공적인 통일을 하는데 결정적으로 저해요소가 될 수 있다는 의견이었다. 결국 절제되지 않은 투자는 국가적인 혼란을 초래할 수 있다는 결론이다.

　필자는 위와 같은 연유로 그들에게 부동산 거래가 허용 되는 시기 전까지는 다른 업종을 고민해보라고 조언을 하면서 이들에게 남한과 북한을 전부 경험하여 잘 알고 있으며, 양쪽 지역의 문화와 언어도 충분할 만큼 이해와 학습이 되었으니 별도로 새로운 투자비용 등이 필요치 않은 고향지역에서 관광가이드 업에 종사하면 좋을 것 같다고 조언을 해주곤 하였다.

　절친한 탈북민 중 한 분이 언젠가 필자에게 전화를 걸어와서"지금 지인분의 부친상으로 상가에 조문하기 위해 방문했는데 절차는 어떠하며 상주들과

빈소에서는 어떻게 절을 해야 하는가?"라며 질문을 했다. 그분은 조문 하는 도중 상가에서의 예법이 남과 북이 크게 다르지 않더라도 상호간의 문화적인 차이로 인하여 결례를 범하지 않기 위하여 필자에게 재차 확인하는 것이었다. 언어의 경우를 살펴보면 남한은 외래어를 많이 사용하고 있고, 북한은 외래어를 많이 사용하지 않아서 탈북민들이 남한에 정착이후 가장 어려움을 겪는 것이 대화도중 외래어 때문에 상대방의 이야기 전부를 이해하지 못하거나 알아들을 수 없다는 점이었다. 남과 북이 같은 민족이고 같은 언어를 사용한다고 하지만 분단된 오랜 세월동안 문화를 비롯하여 특히 언어의 다름은 굉장히 심각한 수준이라고 할 수 있다.

기본적인 대화정도야 가능하겠지만 문화나 언어의 장벽 역시 70여 년의 세월동안 많이 높아졌을 것이다. 남북한 간에 왕래가 가능하고 남한의 관광객들과 현지 북한주민이나 관계인들과의 서로 다른 문화나 언어에서 오는 오해와 충돌 또한 적지 않을 것이다. 그리고 남한을 방문하는 북한주민들도 동일한 경우가 발생할 수 있을 것이다.

정부기관이나 여러 단체들이 각 분야별 남북용어관련 사전을 해당 전문학자들을 통하여 제작하고 있지만 상호언어를 어느 정도 이해하여 각각의 생활현장까지 도달하기에는 아마도 지나온 70여 년 정도의 세월만큼의 시간이 더 필요할지도 모르는 일이다.

남한에 정착한 탈북민들은 각자 몸소 체험을 통하여 남한 사회와 문화를 일정수준 정도까지는 이해하고 있고 언어수준 또한 그럴 것이다. 이들이 남북한 왕래 초창기에 남북문화 및 언어 통역사의 역할을 하며 물밀 듯이 왕래하는 각각의 지역에 거주하는 주민들과의 문화와 언어의 차이로 발생할 수 있는 오해와 충돌을 막아 주고 예방하는 통역사 역할을 수행해주면 좋겠다는 생각을 했다. 특히, 남북한지역 관광가이드로서의 역할은 남북한을 상호 방문하는 관광객들을 더없이 즐거운 여행이 될 수 있도록 도움을 주는 행복 전도사의 역할을 충분히 수행해낼 것이다.

04

금 융

- KB 국민은행 – 간석지개발
- IBK 기업은행 – 중소기업 금융
- NH 농협 – 유기농 쇼핑센터 개발
- 신한은행 – 상업은행
- 우리은행 – 특구지역
- KDB 산업은행 – 해외기업 지원
- KEB 하나은행 – 국책사업 등 대규모 SOC 사업
- 한국수출입은행 – 통일기금관리

평 양 상 인 경 성 탐 방 기

KB 국민은행 - 간석지개발

KB 국민은행은 과거 (구)국민은행과 (구)주택은행이 합병해서 지금의 은행으로 성장하였다. (구)국민+주택 은행 공히 서민들을 위한 은행으로 역할을 주로 담당하였고, 특히 (구)주택은행은 주거안정을 위한 금융기관으로 아파트 건설 등과 같은 건설 회사들과 금융거래가 많은 은행이다. 특히 KB 국민은행에서 운영하는 KB부동산 시세 정보는 국내 전금융기관이 주택가격을 산출하는 기준으로 삼고 있을 정도로 주택과 건설 분야에는 많은 강점이 있는 은행이다. 그리고 개성공단 가동이 중단된 현재 최북단 지역인 판문점 남측 평화의 집에 ATM 기기를 설치하여 운영하고 있는 은행이기도 하다.

최근 북한에서는 우리의 서해안 간척사업 같은 간석지[1] 조성을 위해 많은 노력을 하고 있다. 이들 간석지들을 예로 들면 평안북도 대계도(87㎢ : 56,567,500평), 평안남도 홍건도(45㎢ : 13,612,500평), 황해남도 룡매도(15㎢ : 4,537,500평) 등 다수의 간석지들이 있는데 물막이공사 이후에 관리가 제대로 되지 않아서 태풍 등의 재해로 인해 방조제가 유실되어 최근에까지 재공사를 진행하고 있다고 한다.

북한이 개방되고 금융기관이 진출하여 투자가 가능한 시기가 되면 KB 국민은행은 건설 분야의 강점을 살려 북한의 여러 간석지 개발에 관심을 갖고서 간석지 공사를 마무리하고 간척지로 개발하여 그곳에 주택단지나 자유무역지대로 개발하는 투자를 하면 좋을 것 같다.

---

1) 간석지와 간척지란 단어의 뜻을 혼동할 수 있는데 간석지는 물막이 공사가 끝난 개발 이전의 갯벌을 뜻하는 말이고, 간척지는 개발이 된 갯벌이란 뜻을 말한다.

새로 조성된 간척지는 거주하는 주민도 없고 정치사상이나 문화도 없는 말 그대로 청정지역이 될 수 있기 때문이다. 이런 간척지에 KB국민은행에서 새롭게 건설하는 도시나 주택을 건설하는데 금융을 지원해서 북한에 진출하고자 하는 남한의 기업이나 주민을 비롯하여 해외기업들이 입주할 수 있는 새로운 도시건설에 앞장선다면 성공적인 남북통일지원자 역할과 함께 금융기관의 공공성과 사회적 책임을 다함은 물론 투자에 대한 수익도 충분히 보장 받을 수 있을 것이다. 통일 이후 KB 국민은행의 위상과 지위를 한층 높힐 수 있는 좋은 계기가 될 것이다.

IBK 기업은행 - 중소기업 금융

IBK 기업은행은 중소기업자들의 효율적인 신용제도를 확립하여 중소기업자의 경제활동을 돕고 경제적 지위 향상을 도모하기 위해 1961년 7월 제641호 중소기업은행법이 제정 공포된 뒤 1961년 8월 1일 ㈜중소기업은행으로 설립된 이후 오늘의 IBK 기업은행으로 명칭이 바뀌었다.[2]

IBK 기업은행은 국내 국책은행들 중에서 600여 개의 가장 많은 영업점을 가진 은행으로서 오래전부터 기업들과 일반서민들의 생활 속에 친숙하게 자리 잡은 은행이다. 또한 IBK 기업은행 산하 IBK 경제연구소에서는 북한경제 연구자로 시작하여 북한경제 연구팀 그리고 북한경제연구센터라는 전담부서를 신설할 정도로 북한경제와 금융에 대한 경영진들의 많은 관심과 지원에 힘입어 오늘날에는 북한경제 전반에 대한 다양한 연구 자료를 축적하고 있는 북한금융의 도서관 같은 중요한 역할을 수행하는 연구센터로 발전하였다.

북한이 개방되면 많은 기업들이 북한에 진출하여 사업을 시작하려고 할 것이다. 이런 시기가 되면 IBK 기업은행에서는 북한에 진출하여 여러 금융사업을 하기보다는 그동안 축적된 북한경제자료를 기반으로 이들 기업들이 북한으로 진출하는 데 가이드 역할을 하면서 필요한 자료를 제공하는 등의 기업들에게 적합한 맞춤식 금융을 지원함으로써 국책금융기관으로서 역할을 성실하게 수행하면 좋을 것 같다는 생각을 해보았다.

---

2) 2019.10.4 네이버 지식백과 검색자료 인용

국책은행이라는 딱딱한 이미지와는 달리 서민경제와 중소기업에 친숙한 은행이라는 좋은 이미지를 가지고 있는 IBK 기업은행만의 훌륭한 자산을 적극적으로 활용하여 북한진출에 역량을 집중하기보다는 진출하고자 하는 기업들의 역량이 향상되도록 지원하는 은행고유의 역할을 우선시하는 전략을 수립하여 운영한다면 남한 내에서의 IBK 기업은행의 역량과 위상은 한층 더 높아질 것이다.

은행에서 새로운 사업 분야에 직접투자를 하는 일도 중요하겠지만 그것보다는 투자를 희망하는 투자자들에게 필요한 정보를 제공하고 그 투자자들이 새로운 환경에 잘 적응할 수 있도록 다양한 금융을 지원하는 것 역시 금융기관의 당연히 해야 할 역할중의 하나일 것이다. IBK 기업은행은 그 역할을 가장 훌륭하게 수행할 수 있는 맞춤은행인 것 같다.

NH 농협 – 유기농 쇼핑센터 개발

농협은 크게 농협중앙회, NH 농협은행, 농협 하나로 유통 등이 있다. 그 외에 축협, 수협, 임업협동조합 등이 있다. 이들 금융기관은 주로 농촌과 어촌 그리고 산림에 종사하는 분들을 위한 금융을 지원하는데 많은 강점을 가지고 있다.

과거 금강산 관광이 가능했었던 시기에 농협에서는 농협 금강산지점을 개점해서 내국인 관광객을 위하여 ATM 기기를 설치하여 운영하였고 현재는 남한의 최북단인 평화의 집에 ATM기기를 설치하여 운영할 정도로 북한진출에 많은 노력을 하고 있는 금융기관이다.

북한이 개방되고 국내 금융기관이 진출하는 시기가 되면 농협도 당연히 북한지역에 진출할 것이다. 그 시기에 농협의 장점을 살려서 과거 관광이 가능했던 금강산과 개성지역에 우선적으로 관심을 갖고 투자를 하면 좋을 것 같다.

일일관광이 가능한 개성지역부터 먼저 대형 유기농 쇼핑센터 개발을 하면 좋을 것 같다는 생각을 해보았다. 부산을 비롯한 전국 어느 곳에서든지 서울을 경유해서 개성 인접지역까지 상경하는 것은 고속버스나 고속열차로 몇 시간이면 가능하다. 고속열차를 이용하는 경우 서울을 지나 행신역이나 도라산역에 하차하여 관광버스로 환승하여 오전에 개성관광을 하고, 관광이 끝난 이후 관광객들이 쇼핑할 수 있도록 농협이 앞장서면 좋을 것 같다.

북한에서 생산되는 유기농 농산물과 남한에 비하여 상대적으로 추운 지역에서만 생산되는 북한 지역특산품과 수공품 등을 판매하는 농협 하나로 마트 같은 대형 유기농쇼핑센터를 진출시키는데 우선적으로 투자를 하게 된다면 농협의 강점을 최대한 살릴 수 있고 더불어 북한지역에 금융도 자연스럽게 진출할 수 있는 좋은 방안이라는 생각이다.

남한의 관광객들도 유기농 농산물과 북한지역의 특산물에 많은 관심을 갖게 될 것이고, 북한 지역의 농가 소득증대는 물론 생산과 유통분야에 이르는 연관사업의 발전도 가져올 수 있으므로 이를 기반으로 농협은 북한지역에 빠른 정착이 가능하게 되고 더 나아가서는 통일한국의 경제발전에 많은 기여를 하게 되는 셈이다. 이후에는 금강산을 비롯하여 백두산에 이르기까지 북한 전 지역 곳곳에서 농협 유기농마트와 농협지점을 쉽게 볼 수 있을 것 같다.

신한은행 - 상업은행

신한은행은 (구)조흥은행과 (구)동화은행이 합병한 은행이다. (구)동화은 행은 이북5도 실향민들의 참여로 만들어진 은행이며, (구)조흥은행은 1897 년 2월 한성은행으로 출범한 한국 최초의 민간 상업은행으로 대한민국의 금 융의 역사라 할 수 있는 상징성을 가진 은행이었다. 신한은행 역시 재일교포 가 주축이 되어 순수 민간자본으로 설립된 은행으로 (구)동화은행 설립의 주 축이 되었던 실향민들의 정서를 반영하여 북한 진출에 많은 노력을 하고 있 는 금융기관이다.

탈북자들의 남한사회 진출을 위해 거쳐 가는 하나원에서 금융교육을 전담 하는 등 은행 내에 북한금융을 연구하는 동아리까지 있을 정도로 경영진과 직원들 모두 북한진출에 대한 지속적인 노력과 관심을 아끼지 않는 은행으 로 알려져 있다.

남북왕래가 가능하게 되면 (구)동화은행의 설립취지를 살리기 위해서라도 당연히 신한은행도 북한에 진출할 것으로 생각된다. 또한 (구)조흥은행의 국 내 원조금융기관이라는 상징성과 함께 금융기관의 공공의 역할을 충실히 이 행하기 위해서라도 북한지역에 많은 지점을 개점할 것으로 생각된다.

국내은행은 자금운영 특성상 장기간의 투자나 대출을 해주지 않는 특성을 가지고 있다. 그러나 신한은행은 2018년에 국내은행 최초로 장기간 투자가 필요한 수도권광역급행철도(GTX) 사업에 투자를 하였다. 기존 은행의 모습 에서 벗어난 새로운 시도인 것이다. 신한은행의 이런 시도는 의도적이지는 않았겠지만 결론적으로 장래에 북한이 개방되고 장기간의 많은 투자가 필요한 때를 위해 북한 개발에 대한 사전적으로 실시하는 선행 학습적인 투자와 같은 결과를 가져오게 된 것 같다.

통일독일이후 독일의 몇몇 상업은행들이 동독지역에 진출한 결과 유럽에서 가장 선두 은행의 지위를 가지고 있는 오늘날의 도이치뱅크 같은 은행을 탄생시켰다. 이처럼 통일은 금융 산업 분야에도 굉장한 발전의 기회를 줄 수 있는 것이다. 신한은행 역시 국내 대표적인 상업은행으로서 북한에 진출한다면 그 역할을 충분히 수행해낼 것이라 생각된다.

(구)동화은행, (구)조흥은행 그리고 과거의 신한은행이 통합해서 탄생한 오늘의 신한은행은 북한에 진출할 수 있는 최적의 상업은행 모습과 역량을 모두 갖춘 은행임에는 틀림이 없다.

우리은행 – 특구지역

(구)한일은행과 (구)상업은행이 합병하여 (구)한빛은행을 만들었고 그 후 은행명을 지금의 우리은행으로 변경하여 오늘에 이르렀다. 우리은행은 국내에서는 법원을 비롯하여 서울시 금고 등의 정부기관 금고 업무와 상업금융을 주로 전담하는 은행이다. 그리고 북한 개성공단에 입주하여 가장 최근까지 개성공단 지점을 운영했던 내실 있는 경험을 가진 은행이다.

외환업무에 강점이 있는 (구)한일은행과 일반기업들과의 거래가 활발했던 (구)상업은행의 두 가지 장점을 가지고 있는 우리은행이야말로 외환업무와 기업 간의 거래가 대부분인 개성공단에서 가장 효율적으로 금융 업무를 수행할 수 있는 가장 최적의 은행이었기에 개성공단 진출이 가능했을 것이다.

우리은행은 현재 개성공단 업무가 중단되었음에도 북한 진출에 대한 의지를 버리지 않고 폐쇄된 개성공단 지점을 임시로 본점건물에 이전 설치하여 운영하는 등 지금까지 많은 정성과 노력을 쏟고 있는 중이다.

북한에서 기업들과의 거래 경험과 기본적으로 내재된 우리은행만의 특화된 역량으로 향후 개성공단 재가동을 비롯하여 아직까지 국내금융기관이 진출하지 못한 북한 내 경제 특구지역인 라선 지구 등 여러 특구지역에 진출하여 그 곳의 금융을 전담한다면 충분히 그 진가를 발휘할 수 있을 것이다.

북한이 본격적으로 개방되는 시기에 기존의 북한기업들과 거래하는 기본적인 금융거래에 더하여 남한 내에서 전담하고 있는 금융업무의 강점을 되살려 북한지역의 공공기관의 공급 등을 관리하는 업무를 수행한다면 우리은행이 가지고 있는 강점과 업무역량만으로도 북한 내 공급업무를 훌륭하게 수행할 수 있을 것이다.

현재 북한의 행정구역은 9개도와 3개의 직할시로 구분되어 있고, 업무별로는 총 27개의 경제개발구로 나누어져 있다. 북한이 개방되면 아마도 이곳 경제개발구부터 우선적으로 개방하고 발전시킬 것이다. 최근까지 북한지역에서 금융 업무를 담당했었던 기득권을 최대한 활용하고 우리은행만이 가지고 있는 장점을 극대화 시킨다면 북한 전 지역의 개발구역과 공공기관을 선점하여 북한 곳곳에서 활발하게 영업하고 있는 우리은행 북한지점의 모습들을 하루빨리 볼 수 있는 날이 오기를 기대해 본다.

KDB 산업은행 – 해외기업 지원

　KDB 산업은행은 단기간의 상업금융을 취급하는 상업은행과는 달리 사회 간접 자본의 형성과 중화학 공업에 필요한 대규모 장기성 자본 융통에 주력하며 시설자금 등의 금융지원을 전문적으로 담당하는 특수 장기 개발전문 금융기관이라고 할 수 있다. 이의 사업을 위한 금융지원에 필요한 자금은 예금 등의 수신을 통하여 재원을 마련하지 않고 산업 금융 채권의 발행권을 독점하고 있어 이를 통해서 대부분의 재원을 마련하고 있다.

　현재는 산업의 개발·육성, 사회기반시설의 확충, 지역 개발, 금융시장 안정 및 그 밖에 지속가능한 성장 촉진 등에 필요한 자금을 공급·관리하기 위하여 대출 또는 어음의 할인, 증권의 응모·인수, 투자 및 채무의 보증 또는 인수 등의 업무를 수행하고 있다.[3]

　KDB 산업은행 내 KDB 미래전략연구소를 설치하여 한반도신경제센터를 운영하고 있는데 우수한 인적자원들로 구성되어 북한경제와 금융 산업 등 남북한 산업전반에 대한 연구를 통해 산업에 필요한 훌륭한 성과물들을 생산해 오고 있다.

　북한이 개방되고 북한에 기업들의 투자가 가능한 시기에 KDB 산업은행만의 독자적인 기능을 살려서 남한 내 기업들의 북한진출 시 정책자금 지원과 해외기업 중 남한을 거점으로 하여 북한에 진출하고자 하는 기업들의 금융지원이나 합작 투자 등의 사업 수행은 당연히 KDB산업은행이 담당해야

---

3) 2019.10.4 네이버 지식백과 검색자료 인용

할 중요한 사업이며, KDB 산업은행은 국책은행으로서 그 역할은 통일사업의 성공여부를 좌우할 정도로 매우 크다고 할 수 있을 것이다.

KDB 산업은행이 담당하는 통일사업의 성공적인 투자 결정과 올바르게 방향을 제시해 줄 수 있는 주체는 그동안 많은 연구 활동을 통해서 축척된 한반도신경제센터의 북한 산업에 대한 연구 결과와 KDB 산업은행에 근무 중인 우수한 인재들이 맡게 될 것이다.

KEB 하나은행 - 국책사업 등 대규모 SOC 사업

KEB 하나은행은 (구)하나은행과 (구)외환은행이 합병하여 탄생한 은행이다. 2018년 8월17일부터 3일간 KEB 하나금융지주 회장의 주도로 KEB 하나은행장과 하나금융투자 대표이사 등 하나금융지주 계열사 수장들이 북한을 방문하여 평양 국제유소년 축구대회를 관람 했었다.

민간교류 차원의 방북단이 육로를 이용하여 평양을 방문하는 것은 김정일 국방위원장이 사망했을 때 故 이희호 여사와 현정은 현대아산 회장의 방북에 이어 하나금융지주가 두 번째라고 할 수 있다. 그리고 더욱 중요한 것은 국내 금융기관 수장들이 공식적으로 민간교류를 위해서 북한을 방북한 것은 분단이후 처음 있는 일이었다.

(구)외환은행은 분단이후에 국내금융 기관 중 제일먼저 북한에 진출한 금융기관으로 1997년 한반도에너지개발지구(KEDO)의 경수로 건설 현장인 북한의 금호 지구에 지점을 개설하여 남북교류 및 협력 사업에 많은 기여를 하였고, 2002년에는 평양의 중심가인 '창광거리'를 배경으로 사이버 평양지점을 개설하여 영업을 시작했던 경험 등의 내공을 쌓은 은행이다.

위와 같이 (구)외환은행의 북한진출 경험과 현재 하나금융지주의 북한진출에 대한 지속적이고 적극적인 노력과 의지가 결집되어서 북한이 개방되면 평양에 은행을 개점하기 위해 제일먼저 첫 삽을 뜨게 되는 국내은행은 KEB 하나은행이 될 것 같은 조심스러운 예상을 하게 된다.

하나금융지주에서는 '대북 경협 실무협의체'를 구성하여 남북 경제협력 사업의 금융부문의 준비와 함께 KEB 하나은행, 하나금융투자 등 각 계열사들 간의 협력체계도 이미 구축하였다고 한다. 이렇듯 대북진출에 관하여는 국내 금융기관 중 KEB 하나은행이 가장 적극적이라고 할 수 있다.

민간투자와 상업차관을 활용하여 국책사업이나 대규모 SOC 사업에 주도적으로 투자하거나 금융을 지원하는 것은 KEB 하나은행이 지속적으로 추진하고 있는 남북경협관련 사업 중 가장 핵심적인 분야라고 할 수 있을 것이다.

북한지역에 금융 산업 진출이 가능한 시기에 북한금융에 대한 많은 경험과 적극적인 의지가 충만한 KEB 하나은행이야 말로 북한지역의 국책사업 등과 같은 대규모 사업에 가장 합당하고 적합한 금융파트너가 될 것이다.

한국수출입은행 – 통일기금관리

한국수출입은행은 정책금융 공여와 수출입 금융, 해외투자 금융의 업무를 주로 전담하는 은행이다. 또한 한국수출입은행은 1991년부터 남북한 상호 신뢰와 동질성 회복을 위한 인적 교류 및 경제협력 촉진을 목적으로 설치된 남북협력기금 관리업무를 시작하고 있으며, 2019년에 조성되어 관리하고 있는 기금예산 규모는 대략 1조 4,900억 원에 달한다고 한다.

한국수출입은행은 북한·동북아연구센터를 은행 내에 설치하여 운영하면서 통일시대를 대비하여 다자간 금융협력체계 구축방안 강구, 남북한 경제협력활성화와 금융통합방안 마련을 비롯하여 북한개발 싱크탱크로서의 역할과 연구노력을 꾸준하게 진행하고 있다. 통일시대를 위해 많은 준비와 다양한 연구 성과물을 축적하고 있어서 남북이 왕래하고 통일의 기반이 조성된다면 한국수출입은행의 역할은 매우 중대하리라고 생각한다.

우선 정부 출연금 등에 의존하던 남북협력기금의 범주에서 벗어나 통일기금 조성 노력과 기금의 효율적이고 시의성 있는 집행과 관리라는 중요한 업무를 수행해야 할 것이다. 이는 한 국가를 재 창건할 정도 규모의 막대한 자금을 관리하는 일이며, 통일건설 사업에 참여하고자 하는 해외기업이나 통일재건 사업에 필요한 물자를 수입 또는 재원조달을 위한 물품이나 용역을 수출하는 제반 업무까지도 관리하는 일을 한국수출입은행이 주도적으로 담당을 해야 할 것이다.

한국수출입은행에서 그간의 연구노력과 다양한 결과물들로 축적된 자료와 내제된 역량을 충분히 발휘한다면 통일 사업은 매우 순조로울 것이고 이의 사업에서 중추적인 역할은 당연히 한국수출입은행이 성공적으로 해낼 것이다.

05

농·수·축산업

- 김 가공은 백두산에서
- 미래의 식품은 북한에서
- 미역제품 전시장
- 양계장과 퇴비공장을 동시에
- 참새농장
- 캐비어 값을 능가하는 고부가 가치 사업

김 가공은 백두산에서

동해안은 바닥에 모래가 많아서 가리비 같은 조개류의 양식이 많은 반면 김은 적당한 갯벌과 수온이 갖추어져야만 생산되는데 서남해안이 제격인 것 같다. 예전에는 바위에 붙어있는 김을 채취하여 김발에 엷게 깔아서 김을 만들었는데 남해안의 대표적인 완도김은 정사각형 모양으로 김이 조금 두꺼워서 김밥을 싸는데 제격이었고 자연산 돌김이 많이 포함되어 있어서 식감은 물론 맛 또한 훌륭하였다. 서해안의 대표적인 광천김은 완도김에 비하여 조금 얇고 직사각형의 기다란 모양으로 생산되어 판매되고 있는데 집에서 따뜻한 밥에 싸서 먹으면 부드럽고 감칠맛이 나는 맛좋은 김이었다. 김도 그 지역별로 생산되는 재료와 제조방식의 차이로 나름 서로 다른 색깔을 내는 맛과 특징의 차이가 있었다.

요즘은 충남광천에서는 김이 생산되지 않는다고 한다. 서해안 간척사업 이후 광천 인근에 바다가 없어져 버린 탓이다. 인근 지역 대천이나 서천 등지에서 김 양식을 위해 생산된 김을 예전의 명성을 가지고 있는 광천지역에서 가공하여 광천 김으로 전국에 판매하고 있다고 한다. 완도는 예전에 비하여 김양식장이 굉장히 많이 늘어났을 뿐 아니라, 김 원재료를 채취해서 가공하는 기계가 날로 발전하여 예전에 비하여 완제품 김생산량이 굉장히 많아졌다고 한다. 그만큼 원재료 투입대비 경제성이 좋아졌다는 결과인 것이다.

김은 우리나라의 특정지역에서 특정시기에만 자라는 해조류로써 우리나라의 김이 세계 각국의 사람들의 입맛을 사로잡았고, 우리 밥상에도 변함없이 아주 친숙한 식품일 뿐 아니라, 한류의 한축을 담당하고 있는 대표식품이라고 할 수 있다.

명동이나 대형마트 그리고 공항에서 보면 김을 판매하는 상점도 많고 외국인들도 김을 많이 구입해가는 것을 볼 수 있다. 예전에는 중국이나 일본사람들이 주로 구입해 갔지만 이제는 동남아는 물론 미국이나 유럽 그리고 아랍권 사람들도 많이 구입해가는 세계적인 식품으로 우뚝 서게 되었다.

충남 광천에서는 김 원재료는 거의 생산되지 않고 있지만 가공 공장을 통하여 예전의 그 명성을 유지하듯이 완도나 해남, 서천, 대천 등지에서 생산된 양질의 김 원재료를 육지를 거치지 않고 직접 서해안 바닷길을 통해서 이송하여 중국과 러시아가 인접하고 있는 북한의 공해 없는 청정접경지역에 김 가공 공장을 건설하여 손재주 좋은 북한 주민들의 노동력으로 맛좋은 김을 생산하여 북한 주민들의 풍성한 식탁과 함께 인접국가에 수출하게 된다면 물류비도 줄이고 북한주민들의 생활도 윤택해질 수 있겠다는 기대를 해본다.

미래의 식품은 북한에서

　　남한은 현재 출산율 저하로 인구가 급감하고 있으나 남북통일이 되면 남과 북의 청춘남녀들이 새롭게 인연을 맺을 수 있고, 생활에 필요한 물자들이 충분하게 북으로 유입되면 통일한국의 인구증가 가능성을 기대해 볼 수 있을 것 같다. 또한 최근 들어 한반도 기후가 열대성 기후로 변화됨에 따라 예전에는 상상할 수도 없던 이상 현상이 발생하고 있다. 강원도 속초앞바다에서 제주 앞바다나 남쪽 해안에서 서식하는 갈치가 잡히고 있고, 강원도 고성앞바다에 남태평양에 주로 서식하는 청새치와 참치 등이 잡히고 있다고 한다.

　　가까운 장래에 통일한국의 인구는 증가한 반면 이상기후로 인한 식량이 문제가 될 가능성이 높아질 것이다. 전통적인 식량인 곡식 이외에 다른 대체 식품을 미리 개발하고 이의 산업을 육성 발전시켜야 할 필요성은 위의 두 가지 요인만으로도 충분하다고 본다.

　　최근 들어 육류보다 영양 성분이 풍부하고 친환경적인 사육 방식으로 양식할 수 있는 식용 곤충이 미래의 식량으로 주목받고 있다고 한다. 곤충의 경우 소나 돼지의 육류를 대신 할 수 있는데 식용 곤충의 단백질은 소고기의 3배 이상 들어 있으며, 이외에도 세포의 산화를 억제하고, 혈관 건강에 이로운 불포화 지방산 함량도 높고, 무기질 성분, 칼슘, 철, 아연, 비타민 등이 풍부하여 영양학적 가치가 매우 높은 식품이라고 한다. 현재 우리나라에서는 벼메뚜기, 번데기, 백감장(흰가루병에 걸려 죽은 누에), 갈색거저리유충, 쌍별귀뚜라미 성충, 흰점박이꽃무지유충(굼벵이), 장수풍뎅이유충 등 7종의 곤충을 일반식품원료로 사용할 수 있는데, 이들 곤충은 식품이기도 하지만 일부 곤충 애벌레의 경우는 병을 예방하거나 치료하는 건강보조식품의 주된 재료의 역할도 하고 있다.

산업이 발전하고 문화의 다양성에 따라서 사람들의 취미와 기호 또한 다양해져서 이제는 애완곤충을 사육하는 인구가 많이 늘어남에 따라 그 애완곤충의 값도 적지 않다고 한다. 대표적인 애완곤충은 장수풍뎅이와 왕사슴벌레가 있다. 그리고 식용으로만 알고 있던 코코넛 크랩은 소라게와 함께 애완용으로 아주 비싼값에 거래되고 있는데, 애완용 코코넛크랩의 경우 크기에 따라 값이 다르겠지만 심지어는 수백만원에 거래되는 경우도 있다고 한다.

이런 특별한 종류들을 기르고 사육방법은 기계나 여타의 다른 시설을 이용하여 사육하는 것 보다는 사람이 직접관리하고 많은 정성을 기울여야만 가능하다고 할 수 있다. 열대성기후로 변화되고 있는 남한에 비하여 아직까지는 예전의 기후를 유지하고 있고, 저렴한 인건비는 물론 섬세한 작업이 필요로 하는 곤충과 애벌레 그리고 크랩(게) 등의 사육장소나 여건은 북한지역이 최적지라고 생각된다. 관련업계에 종사하거나 향후에 이와 같은 사업을 구상하는 분들에게 북한지역에서 그 사업들을 펼쳐 보도록 권하고 싶다.

미역제품 전시장

필자가 어릴 적 크고 긴 보따리를 머리에 이고서 다니는 아주머니들이 있었다. 가끔씩 어머니께서 그분들을 통해서 물건을 구입하고 구입한 물건을 장독에 넣고 보관 하셨다. 그 물건이 바로 미역이었다. 미역은 피를 맑게 해주는 식품이라고 해서 산모들이나 생일날에는 당연히 국으로 끓여 먹는 음식의 주재료였다.

미역은 물결이 거센 지역에서 자라는 미역이 맛이 좋다고 한다. 산모들에게 매년 7~8월경에 생산되는 진도 각이 최고라는 이야기를 들었다. 그리고 임금님께 진상되었다던 부산 기장미역 또한 일품이라고 한다.

이렇듯 미역은 미역국을 비롯하여 초무침, 오이냉국 재료 등 아주 친숙하게 우리 식탁에 오르고 있는 식재료이자 건강식품이다. 미역은 섬이나 돌등이 많은 서남해안 주변에 주로 많이 자생하는데 북한은 황해남도 강령군이 바다에서 나오는 해산물이 많이 생산되는 지역인 것 같다. 아무래도 미역은 서남해안지역 위주로 생산되다보니 남해안이 있는 남한에 비하여 생산량이 그다지 많지 않고, 유통망 또한 남한에 비해 상대적으로 발달하지 못해서 미역제품은 북한 전역에 고루 퍼져 있지 않아 남한처럼 친숙한 음식재료는 아니라고 한다.

미역을 채취해서 말릴 때 바닷가 모래사장의 모래 밭에서 건조시키기 때문에 미역으로 음식을 만들어 먹는 경우 미역에 붙어있는 모래가 많아서 조리 전에 모래 제거를 위해 여러 차례 씻어 내는 번거로움 때문에 북한 주민들은 미역을 잘 먹지 않는다고 한다.

북한지역에서의 미역은 어떻게 보면 비싸지 않으면서도 구하기도 어렵고 자주 먹기가 불편한 물품인 것이다. 위와 같은 연유인지는 모르겠지만 탈북민들이 남한에 정착하면서 미역을 자주 먹는다고 한다. 북한에서는 자주 먹을 수 없었지만 값싸고 건강에도 좋고 맛도 좋은 음식이기 때문이라고 한다.

남한의 어촌에서는 미역을 비롯하여 다시마, 김, 파래 그리고 남해안일부 역에서만 생산되는 감태, 매생이 등과 충청남북도 이남 서남해안 갯가 바위에 붙어 자라는 해조류인 가시리 등 다양한 해산물 등이 많이 생산되고 있다. 그리고 미역을 채취해서 모래가 들러붙지 않도록 건조대에서 말리기 때문에 조리해서 먹을 때 모래의 사각거리는 불편함이 없다.

남한에 비하여 상대적으로 해산물 생산이 많지 않고 유통이 활발 하지 않은 북한지역에 미역을 포함한 해조류와 해산물 판매장을 오픈하는 것은 남한의 어촌지역 주민들이 북한에 진출하기 좋은 사업 중 하나일 것 같다.

양계장과 퇴비공장을 동시에

남북교류 활성화 이후 북한지역의 식생활이 많이 향상 될 것으로 예상된다. 특히 육류의 소비가 많아질 것이며, 그중에서도 계란과 닭고기는 상상을 초월할 정도로 수요가 많아질 것이다. 예를 들어 계란의 경우는 다른 식재료와 달리 요리를 하여 반찬 등으로 대부분 사용하는 것과는 달리 빵이나 마요네즈 등을 비롯하여 각종 식품을 만들 때 사용되는 중요한 재료로도 많이 사용되기 때문이다. 그밖에 오리고기나 돼지고기 그리고 쇠고기 등의 육류 수요도 많을 것이다.

식용위주의 가축을 사육하는 남한의 축산 사업자들처럼 각자 소유하고 있는 토지에 축사를 건축하여 분산된 지역에서 가축을 기르지 않고 특정지역에서 가축을 기르고 퇴비를 처리하는 건물을 신축하여 축사에서 배출되는 동물들의 분변을 한 곳으로 집중시켜 퇴비 생산시설을 가동한다면 개별적으로 분산되어 있는 축사들로부터 배출되는 동물들의 분변 처리 비용절감과 축사주변지역 오염문제도 많이 해결할 수 있을 것이다.

동물들을 한 곳에 집중시켜 각 동물별로 사육에 적합한 축사를 지어놓고 사육하는 경우 전염병이 발생했을 때 한꺼번에 전염병이 걸릴 염려도 있으나, 반면에 여러 곳에 산재하지 않고 지정된 장소에 축사가 있으니 사전 예방이나 전염병이 다른 지역으로 쉽게 옮겨지는 것을 예방할 수도 있고 전염병에 대한 대처도 빠를 수 있다는 장점도 있을 것이다. 특정지역에 축사를 지을 때 가장 근접한 장소에 분변을 가공 처리하는 시설을 한 곳으로 집중시키는 시스템을 도입해서 화학비료가 아닌 자연 비료를 만들어서 북한 지역의 채소 등을 기르는 농장에 공급하여 유기농 곡식이나 야채를 생산케 한다면 이것은 고부가 가치의 사업이 될 것이다.

또한 사육과 퇴비공장 인근에 육류 가공공장까지 만들어서 운영한다면 신선한 육류를 지속적으로 공급할 수 있고, 운송비 등의 절감효과도 가져 올수 있을 것 같다.

현재 북한은 축산물의 약 80%를 15곳의 국영농목장에서 생산하고 있다고 한다. 그 외에 군부대 농목장, 도영 농목장 및 협동농장 등에서 축산물을 생산하고 있으나 그 양은 예상보다 많지 않다고 한다. 또한 2017년에 삼양대관령목장의 약 25배정도 크기인 50,000여 정보(1억5천만여 평) 규모를 강원도 세포, 이천, 평강고원 지역에 세포축산기지를 건설하여 소, 젖소, 돼지, 닭 등 가축을 사육할 수 있는 있는 대규모 축산 단지를 추가로 건설하였다고 한다. 이는 그만큼 육류소비가 점차로 많아지고 있다는 반증인 셈이다.

남한의 축산업협동조합에서는 현재 축산과 사료 등의 업무를 관장하지만 향후 통일한국 시기에 북한지역에 육류업협동조합 같은 새로운 단체를 설립하여 북한의 축산전문 단지인 세포단지와도 같은 특정지역에 축산공단 같은 지역을 추가로 조성하여 조합원들이 가축을 기르고 거기에서 배출되는 분변을 한곳으로 집중하고 퇴비를 생산하는 일들을 주도적으로 수행한다면 분변으로 인한 오염이나 전염병의 확산도 줄이고 유기농 농산물도 생산할 수 있는 양질의 퇴비를 만들어서 수익을 창출할 수 있는 효율적인 사업이 될 것이다.

이 분야에는 비전문가인 필자의 의견이지만 화학비료 사용으로 많은 지역이 산성화되어 있는 남한의 경우에는 토지의 지력을 되살리느라 많은 비용을 투입하고 있는 현실에서 아직은 산성화가 많이 되지 않은 북한 토지전체

를 유기농 농법으로 농사를 짓는 것은 어려울 수 있겠지만 일부 한정된 지역
에서부터라도 고소득의 상품을 생산케 하여 환경을 보호하는 정책을 도입한
다면 빠른 시간에 북한주민들의 경제적 발전과 자립을 할 수 있을 것이라는
바람에서 생각해 낸 아이디어라고 할 수 있다.

　가축을 기르고 분뇨를 한곳으로 집중하여 처리하고 이를 이용하여 퇴비를
생산하는데 까지 각각의 분야별 전문가들의 의견과 운영에 대한 문제점들은
많이 있겠지만 북한지역에 산업화가 시작되는 초기에 한번쯤은 검토하여 시
도해 볼만한 내용일 것이다.

참새농장

　우리나라 24절기는 1절기인 입춘을 시작으로 24절기인 대한으로 끝이 난다. 이 절기에 맞는 우리고유의 전통음식들이 있는데 제일 첫 절기는 봄을 알리는 입춘이다. 입춘은 음력 2월4일~5일로 이때 우리고유의 옛사람들의 절기음식은 오신채(생채와 숙채)이다. 오신채는 미나리, 당귀 싹, 다래, 냉이, 메 갓으로 입춘이전에 새싹 3가지를 먹으면 보약을 먹는 것과 같다고 한다. 겨울철 절기는 입동, 소설, 대설, 동지, 소설, 대한 6절기가 있는데 대한은 음력 1월 20일~21일로서 제일 마지막 24절기인 대한의 겨울의 추위를 이겨내기 위해서 먹는 음식으로는 꿩고기 찜, 참새구이, 한과(쌀강정, 깨강정, 유과) 이렇게 3가지의 고단백 식품들이 있다.

　참새는 오래전부터 우리의 고유 음식중의 하나였고 우리가 생활하는 주변에서 쉽게 볼 수 있는 새 이기도 하다. 예전에는 포장마차 등에서 참새구이를 술안주로 많이 팔기도 하였는데 지금은 참새구이를 파는 곳을 거의 찾아보기 힘들다. 일본에서는 참새구이 한 마리에 500엔 정도에 판매 한다고 한다. 우리나라 돈으로 환산하면 5천 원 이상 되는 금액이다. 우리나라에서도 참새구이를 파는 곳이 두어군데 있는데 두 마리에 5천원~7천원 가격에 판매하는 것 같다. 우리나라와 일본에서 판매되는 참새는 대부분 베트남에서 수입하여 판매한다고 한다. 북한에서는 참새12마리에 옥수수 1kg과 장마당에서 물물교환을 한다고 한다. 상식적으로 말도 되지 않는 물물교환 이지만 그 이유는 참새는 잡기는 힘들지만 옥수수 1kg 만큼 굶주린 배를 채워주지 못하기 때문이라고 한다.(2019년 4월 16일 탈북민 인터뷰)

닭을 사육하는 경우 닭을 식용으로 판매하는 경우 대략 3~4천 원 정도에 판매가 될 것이다. 그리고 식용 닭으로 판매되기까지 대략 사료가 2부대 정도가 필요하다고 가정한다면, 참새의 경우는 식용으로 판매되기까지 한바가지 정도의 사료면 충분하리라고 본다. 식용으로 사용되는 구이용 참새의 가격도 닭과 같은 마리당 3~4천 원에 거래가 되고 있어 사육비용만으로도 닭에 비하여 훨씬 경제적이라고 할 수 있다.

닭의 경우 닭털은 전부 폐기물로 처리되고 있다. 그러나 참새의 경우는 참새 깃털로 만든 부채도 있고 과거 북한의 학생들이 김일성 생일선물로 참새의 목 부분에 있는 털을 재료삼아 방석을 만들어서 선물했던 사례도 있다. 이렇듯 닭털은 폐기물이 되고 참새깃털은 공예품 재료로 쓰임이 있으니 닭에 비하면 상대적으로 부가가치가 아주 높다고 할 수 있다.

남한의 시골은 많은 곳이 도심과 비슷할 정도로 주변 환경이 정비가 잘 되어있다. 반면에 북한의 농촌은 아직까지 예전남한의 시골처럼 정비가 많이 되어 있지 않고 시골의 형태를 유지하고 있는 곳이 많이 있다. 이런 북한의 시골지역에 촘촘한 그물로 제작된 커다란 참새 막사를 지어서 참새를 사육해보면 좋을 것 같다.

오래전부터 먹던 참새라는 식품은 부가가치성도 있으나 참새농장을 운영한다는 것은 아주 생소하겠지만 북한지역에 참새농장을 만들어서 고기는 구이용으로 깃털은 공예품으로 만들어서 판매하는 사업을 시행해보는 것도 남북한이 통일되면 가능할 수 있는 사업 중의 하나라고 생각한다. 적은비용을 투자하여 많은 소득을 얻는 사업 아이템들이 많지 않은데 참새농장이 우리에게 고소득을 보장시켜줄 수 있는 좋은 사업방안중의 하나인 것 같다.

캐비어 값을 능가하는 고부가 가치 사업

필자가 어릴 적에 어머니께서 아주 귀한 음식이라며 토하젓을 만들어 주신 적이 있었다. 토하젓의 색깔은 마치 고추장과 같았는데 젓갈의 특별한 맛을 알 수도 없거니와 흙냄새가 나는 맛이어서 당시 어린 필자에게는 그리 호감 갈 정도로 맛있는 음식은 아니었다. 그러나 요즘에 가끔씩 토하젓을 맛볼 기회가 생길 때에는 이제는 그 맛의 진가를 알 수 있을 것 같다.

조정래의 소설 "태백산맥"에서 다음과 같이 토하젓을 묘사하고 있다.

"흙냄새가 상큼 나는 것 같기도 하고, 물풀냄새가 물큰 나는 것 같기도 한 토하젓은 여러 바다젓갈과는 그 맛이 달랐다. 아이들은 이상야릇한 냄새를 싫어했지만 어른들, 특히 남자들은 좋아했다. 술안주며 밥반찬으로 즐겼고, 젓갈이 귀한 산중에서는 김치도 담갔다. 말린 토하는 여러 가지 된장국을 끓일 때 넣기도 했고, 볶음을 해서 먹기도 했다. 여자들은 농사일에 쫓기는 틈을 내서 한 단지쯤 젓갈을 담아 요긴하게 먹는 나무랄 데 없는 음식이었다." 그리고 "토하 알만 모아 따로 담근 토하 알젓이라는 게 있다는데, 토하가 비교적 흔한 편이던 과거에도 이 토하 알젓은 대지주들이, 그것도 젓가락 끝으로 살짝 찍어 밥에 발라먹던 귀한 진미중의 진미"라고 나온다.

백미영의 음식이야기에는 "토하는 크기가 매우 작아 겨우 손가락 마디만 하다. 그런 토하의 알을 꺼내 젓갈을 담았으니, 먹는 입 하나를 위해 수십 명이 노동을 한 것이다. 토하는 늦봄부터 여름까지가 산란기이다. 이시기에 토하를 잡고, 그중 알을 밴 놈을 골라 '삥아리 눈물' 같은 알을 분리하는 일이 보통은 아니었을 것이다. 하물며 내 식구가 먹을 것이 아니라면 더하지 않았을까.", "숙달된 아주머니 대여섯 명이 하루 종일 잡으면 한 종지정도의 알을 채취할 수 있다. 바로 알로 담근 젓갈이 토하알젓이니 아무나 먹을 수 없는 전설의 음식이다. 오죽하면 애첩의 젓가락에 살짝 묻어가는 것도 용납이 안 되었을까"라고 하였다.[4]

토하젓은 예전부터 임금님 수랏상에 올랐던 귀한 음식중의 하나이다. 토하는 한국, 중국, 일본 등지에 서식하는 민물새우를 말하는데 민물새우는 징거미새우, 생이새우, 줄새우, 새뱅이 등이 있는데 토하는 주로 새뱅이를 말한다. 같은 민물새우일지라도 징거미새우와 새뱅이는 값의 차이가 무려 10배~20배정도의 차이가 있다고 한다. 이 새뱅이는 고온에 약하기 때문에 여름철에는 잘 나오지 않고 겨울철에 주로 나오는데 주로 남쪽지방의 청정한 하천이나 논사이 도랑에서 흙과 이끼를 주로 먹고 산다고 한다. 예전에는 농가에서 추수가 끝난 겨울철 논에 양식을 하기도 했는데 지금은 농약 등의 영향으로 양식이 거의 불가능하다고 한다.

토하젓은 간수를 뺀 7년 된 소금과 새뱅이 새우를 1:1비율로 항아리에 담아서 염장을 하고, 6개월 정도 경과하여 잘 삭은 염장 새뱅이에 양파와 무우 끓인 물을 육수로 삼아 찹쌀밥을 지어서 고춧가루와 함께 버무린 후 2일정도 숙성시켜서 만드는데 그 가격이 대략 1kg에 20~30만원 정도에 판매되고 있으며, 살아있는 토하를 고추와 마늘등의 양념과 함께 확돌에 갈아서 2일정도 숙성 시킨 후 먹는데 벼락치기로 만든다하여 이를 벼락토하젓이라 부른다고 한다.

---

4) 전남일보 2918년 5월10일자 『흰쌀밥에 살짝 발라먹는 맛 '일품'』

그동안 민감한 온도 때문에 남쪽지방 겨울철에만 잡을 수 있고, 양식을 위해 오염되지 않은 청정지역을 찾아서 산 정상부근에서 힘들게 해오던 남한의 양식처를 대신하여 아직은 오염이 많지 않은 북한에서 너무 춥지 않은 봄과 가을절기에 토하를 생산한다면 좋을 것 같다.

　최근 들어 지구온난화의 영향으로 한반도 역시 예전에 비해 온도가 상승하고 있는 추세이다. 그리고 북한에는 비료나 농약으로 인해 오염되지 않은 논들이 많이 있다. 논농사가 적합하지 않은 북한의 산기슭에 고랑을 파고 둑을 만들어 적당한 크기의 저수지를 만들어 온도가 적합한 절기에 토하 양식을 하면 좋겠다는 생각이다.

　북한에서 생산되는 토하젓은 물론 전설의 토하알 젓이 생산된다면 아마도 그 값은 캐비어 값을 훨씬 능가하도고 남을 것이다.

06

물류

- 남북통일로 군 감축에 따른 북한군 활용방안

평 양 상 인 경 성 탐 방 기

남북통일로 군 감축에 따른 북한군 활용방안

과거 1970년대 후반 까지만 해도 남한의 전화통신은 전신전화국에서 신청하면 교환수를 통하여 이용할 수 있었고, 거주 지역을 벗어난 다른 지역으로 전화를 하려면 긴급과 보통이 있었는데 긴급은 비용이 비싼 반면에 30분~1시간 정도 기다리면 전화를 연결해주었고, 보통은 대략 2~3시간 정도 기다리면 전화통화를 할 수 있었다. 당시에는 전화회선이 넉넉하지가 않아서 개인 가정집에 전화를 둔다는 것은 굉장히 어려운 일이었고 전화번호를 배정받는 데 까지의 시간은 꽤 오랫동안 소요되었다. 또한 백색전화기라고해서 전화번호를 개인 간에 사고팔 수 있는 전화기가 있었는데 부잣집에서는 딸을 시집보낼 때 최고의 혼숫감으로 여기던 적도 있었다.

1980년 전두환 대통령이 취임하여 군에서의 업무경험을 바탕으로 주도적으로 한국 전기통신공사를 설립한 후 군통신망 시스템을 도입하여 지금의 지역번호 DDD(Direct Distance Dialing) 즉 장거리 직통전화를 도입하여 현재의 통신시스템의 기초를 마련하였고, 당시에는 전화선로를 이용하여 비온라인 시스템(개설지점에서만 거래하는 방식)으로 운영되던 은행 업무도 온라인(비개설점 거래도 가능)으로 거래가 가능함에 따라 은행산업도 비약적으로 발전하기 시작하였다.

이렇듯 당시에는 일반산업 보다는 군대 업무가 더 편리하고 발달된 산업들이 많던 시절이었다. 현재 북한의 택배관련 분야는 사실상 과거의 남한처럼 우편을 통한 소포나 일부 인편으로 배달하는 정도에 불과할 것이다.

남북한 간의 교류가 활성화되면 남북한 군대 역시 화해무드로 인하여 많은 군인들을 축소 할 수밖에 없을 것이다. 일부학자들의 의견들은 군인들을 건설 현장이나 국경수비대로 재편하여 활용하는 방안을 제시하는 경우도 있다. 대부분 좋은 의견이고 반드시 필요한 내용이라는 데에 많은 공감을 한다.

남북한 간의 화해로 화합과 통일의 길로 들어선다면 남북한 간의 물류 교류는 상상을 초월할 정도로 많아지겠지만 이미 물류산업이 굉장히 발달한 남한에 비하여 북한은 상대적으로 물류시스템이나 인력이 준비되어 있지 않아서 급증하는 물류를 감당해내기에는 역부족인 것만은 부정할 수 없는 사실이다.

필자는 앞의 남한의 통신발전 사례와 같이 군을 최우선시 하는 북한의 경우 군사물자를 수송하는 물류체계 역시 굉장히 발달되어 있을 것으로 생각된다. 이런 연유로 남북한 화해로 인하여 각 지역의 특성상 남거나 줄여야 하는 군조직의 인력을 택배나 운송을 담당하는 인력으로 재편하여 활용하면 좋겠다는 생각이다.

남북한 교류 활성화 초기에 북한의 각 지역별로 주둔하고 있는 군조직과 군수물류시스템의 일부를 현지의 택배시스템으로 전환하여 활용한다면 북한의 군 조직 축소로 인한 문제점과 잉여인력의 재활용이라는 문제를 동시에 해결할 수 있을 것이라고 생각한다. 따라서 필자는 관련기관이나 택배업계에서는 이 분야에 대하여 관심을 갖고 이의 연구나 준비에 대한 필요성을 조심스럽게 제언해 본다.

생활용품

평 양 상 인 경 성 탐 방 기

금값 대우받는 샴푸와 커피

탈북민들이 고향에 대한 소식과 정보를 교환하고 향수를 달래기 위해 만든 인터넷 사이트들이 있다. 그 사이트에 들어가 보면 북한의 장마당에서 거래되는 북한시장물가 현황이라는 항목이 있는데 업데이트를 자주하지 않아서 사이트에 게시되어 있는 물품 가격이 오래전의 가격 정보를 지금까지도 게시하고 있다. 게시된 가격 정보가 현재와는 많은 차이가 있거나 또는 비슷할 수도 있겠지만 일단 그곳에 게시된 대표적인 몇 가지 상품 가격을 기준삼아 정리해 보고자 한다.

▌북한시장 물가

(단위 :북한 원)

구 분	평 양	평 성	원 산	혜 산
컴퓨터(데스크탑)	1,700,000	1,800,000	1,900,000	2,500,000
컬러TV(일본산 중고)	290,000	350,000	350,000	260,000
케라시스 샴푸, 린스	270,000	260,000	240,000	200,000
맥심 커피 100개봉/1봉지	250,000	220,000	200,000	180,000

▌북한시장 물가를 환율로 환산한 남한기준 가격

(단위 :대한민국 원)

구 분	평 양	평 성	원 산	혜 산
컴퓨터(데스크탑)	2,261,000	2,394,000	2,527,000	3,325,000
컬러TV(일본산 중고)	385,700	465,500	465,500	345,800
케라시스 샴푸, 린스	359,100	345,800	319,200	266,000
맥심 커피 100개봉/1봉지	332,500	292,600	266,000	239,400

* 1달러/북한원(899.18원), 1달러/대한민국 원(1,194.13) : 2019.9.22 공시
환율기준 북한돈 1원=대한민국 1.33원, 대한민국1원=북한 0.75원
순금 한돈 매입가 : 235,000원, 매도가 : 213,000(2019.9.22 한국금거래소 공시)

북한의 경우 공산품 중에서 특히 전자 제품은 비싼 값에 거래가 되는 것이 사실이다. 위의 경우를 보면 물품반입 경로나 주로 이용하는 비중에 따라 가격이 정해지기 마련이겠지만 각 지역별로 거래되는 물품가격이 예상외로 많은 차이가 있는 것을 확인할 수 있다. 애경산업(주)에서 생산하는 케라시스 샴푸와 린스는 북한주민들 중 특히 부유층에 인기가 많다고 한다. 남한에서 생산된 샴푸와 린스가 굉장히 비싼 가격에 거래되고 있는 것을 알 수 있다.

평양에서 거래되는 가격을 기준으로 케라시스 샴푸와 린스 6통이면 데스크탑 한 대를 구입할 수 있고, 세계적으로 인기가 많은 동서식품의 100개들이 맥심 커피 7봉지만 있으면 데스크탑을 구입할 수 있을 정도의 비싼가격으로 북한장마당에서 거래되고 있다. 그 이외에도 한국산 애경산업㈜의 2080 치약과 세탁용 세제(가루비누)역시 비싼값에 인기리에 거래되고 있다. 2080 치약의 경우를 예로 들면 북한에서 치약 한개당 북한원 25,000원에 거래되고 있으니 한국돈으로 환산하면 33,250원에 거래되는 것이다. 남한의 시중에서 대략 개당 700원 정도에 거래되고 있으므로 한화기준으로는 약 50배에 육박할 정도가격에 거래되고 있는 것이다.

북한지역에서 현재 거래되고 있는 물품의 가치를 현재 대한민국 원화로 환산하여 적용되는 공식 환율인 1.33배로 환산하지 않고 북한 원과 대한민국의 원을 1:1 로 계산하여 적용하더라도 한국에서 생산되는 생필품은 북한지역에서는 값비싼 금값 대우를 받고 있는 셈이다.

공식 환율이 아닌 중국 위안화나 달러를 기준으로 실제 북한장마당에서 거래되는 시세를 적용한다면 북한 원과 대한민국의 원의 가치는 1:10 정도로써 대한민국의 원이 10배의 높은 가치를 가지고 있어 한국산 생필품은 무척 비싼 값에 거래된다는 사실을 알 수 있다.

　최근 북한의 장마당에서 거래되는 물품들의 가격을 보면 곡식이나 내수용 물품 가격에 비해 생필품 값이 급등하였다고 한다. 그 이유인즉 주로 수입에 의존하는 비누, 치약, 커피, 술, 담배, 진통제, 항생제와는 달리 주요 수출 품목인 난방용 땔감과 석탄 등은 수출이 막히자 내수용으로 전환되어 가격이 하락하였다고 한다. 그리고 특이한 점은 석유나 휘발유는 작년에 워낙 많이 급등하여 상대적으로 하락하였고, 목욕용품, 치약, 칫솔, 의류 등과 같은 생활용품이나 미용 같은 외모를 가꾸는 데 지불하는 미용대금은 반대로 많이 인상되었다고 한다. 또한 쌀값의 경우에는 남한에 비하여 상대적으로 낮은 가격에 거래되고 있는데 이는 매점매석을 방지하기 위해서 북한당국에서 가격을 통제 관리하고 있어서 25㎏정도의 쌀을 북한원 4,800원~5,000원 정도의 저렴한 가격으로 구입이 가능하다고 한다.[5]

　현재 금값 대우를 받는 샴푸와 치약 그리고 커피 같은 생필품들이 북한 전 지역에 신속하게 전달되어 북한주민들이 합리적인 가격으로 구입하여 사용하는 날이 빨리 오기를 기대해 본다.

---

5) 북한에서 중국위안화 100원 (한국원화 : 16,500 ~ 17,000원)으로 쌀 25㎏구입가능 (2019.12.2 탈북민 인터뷰)

마술부리는 신기한 화장지

　필자가 어릴 적 이웃집 아저씨 동생 분께서 월남전에 참전하고 귀국하시면서 선물로 주셨던 미군 C-레이션(전투식량)이야기를 하나 하고자 한다. 어느 날 해질 무렵 필자의 큰형님께서 동네 형들을 비롯 몇 명을 모아놓고 신기한 것을 보여주겠다고 했다. 당시 길거리는 지금의 도로처럼 포장이 되어있지 않고 비포장 상태의 도로였는데 얼마 전에 비가 온 탓에 도로의 움푹 패인부분에는 물이 조금씩 고여 있는 상태였다.

　그 움푹 패인 장소에 흰색 화장지를 한 장 던져 놓으니 점차로 화장지가 녹아 내려서 없어지는 것이었다. 함께 구경하던 동네 형들과 필자는 눈을 동그랗게 뜨고서 그 놀랍고 신기한 장면을 구경하였다. 형님은 자랑스럽게 화장지 한 장을 더 그곳에 던져 놓으니 또다시 마술처럼 종이가 녹아 없어지는지는 것이었다. 곧바로 그곳에 신문지를 넣어보니 종이가 녹지 않고 물을 머금은 채 그대로 있었다. 주변의 사람들과 필자는 그 흰색 마술화장지를 만져보면서 모두 신기 해 했었다.

　화장지는 미군 C-레이션(전투식량)속에 들어 있는 화장지였는데 우연히 큰형님은 물에 녹는 것 같은 상황을 발견하신 것 같았다. 우리가 지금 사용하는 화장지는 하얗고 보드랍다. 흙탕물속에 화장지를 던져 놓으면 검정 흙탕물을 머금은 채 화장지가 녹아 없어지는 것처럼 보일 것이다. 당연히 신문지는 인쇄 기름성분도 머금고 있어서 물만 적셔져 있는 채로 그대로 있는 것이 당연한 현상일 것이다. 지금에 와서 참으로 순수했던 그 때를 생각해보면 웃음이 나오는 상황이었다.

필자가 아주 어릴적에는 화장지라는 것 자체가 없었다. 화장실에서 주로 신문지를 사용하였고 오래된 책을 화장지로 사용하기 위해서 한참동안 구김과 펴는 것을 반복하여 부드럽게 만든 후 사용하였다. 그 후 1970년대 초쯤에 쌍마에서 재생용지로 만든 화장지가 제일 먼저 선을 보이게 되었다. 지금에 비하면 회색 빛깔에 종이재질도 좋지 않았지만 당시에는 파격적인 상품이었다. 화장지를 돈을 주고 구입해서 사용한다는 것은 경제적으로 넉넉하지 못한 시기에 너무나 사치스러운 일이라고 생각했기 때문이다.

그 후 모나리자 화장지와 라라 화장지 그리고 한 장씩 뽑아서 사용하는 유한킴벌리의 고급형 크리넥스 화장지가 출시되었다. 이후 휴대용 화장지에서부터 어린이용 기저귀 그리고 물티슈에 이르기까지 다양한 종류의 화장지가 등장하였다. 이러한 화장지의 등장으로 인하여 배변 후 뒤처리가 좀 더 청결하게 처리되어 배변과 그 이후 관리로 발생되는 관련 질병도 많이 감소되었을 것이다.

북한지역은 아직도 많은 화장실들이 재래식 화장실로 되어있다. 재래식 화장실은 차츰 개량형인 수세식 화장실로 변경하더라도 배변 후 뒤처리 하는데 사용하는 화장지는 우선적으로 변화되어야 할 것이다.

필자가 어릴 적에 보았던 마술부리는 신기한 화장지처럼 어쩌면 아직도 북한지역의 시골마을에는 지금의 화장지가 신기한 마술도구처럼 여겨지는 곳이 있을지도 모르겠다. 화장지를 돈을 주고서 구입하여 사용한다는 것이 사치스럽게 생각되어질지도 모르는 일이다. 그러나 보건 환경적인 차원에서는 화장지는 우선적으로 보급되어야 하며, 화장지는 화장실에서만 사용하는 물품이 아니라 우리들 생활 속에 깊숙이 자리 잡고 있는 유용하게 사용되는 필수품인 것이다.

마술을 부려도 좋으니 북한지역에 화장지가 널리 보급되었으면 좋겠다. 개방초기에 화장지판매는 다른 물품에 비해 시작은 더딜지라도 시간이 흐를수록 그 가속도는 날개가 달린 듯 매우 거세질 것만 같다. 관련업계에서는 북한시장을 선점하기 위한 현명한 전략과 지혜를 모으는 것이 현시점에 필요하다는 생각이 든다.

문풍지로 막아낸 북한의 매서운 추위

필자가 어렸을 적에 방안에는 아랫목이라는 곳이 있었다. 사람이 거주하는 방의 바닥에 흙을 파고 바닥과 측면에 돌을 이용하여 넓적한 큰 돌들을 깔고 세워서 마치 수로 같은 구조를 만들어서 땔감의 열기를 오랫동안 머금을 수 있도록 미로 형태의 통로를 만들고 그 위에 평편하고 넓적한 큰 돌을 얹고 통로 마지막 부분에는 굴뚝을 놓아서 연기가 빠져나가게 하였다. 뚜껑 형태로 얹혀놓은 넓적한 돌들 위에 흙이나 시멘트반죽으로 덮고 마감을 했었다. 이렇게 돌을 놓는 것을 '구들장을 놓는다.'라고 하는데 그 당시에는 구들장의 난방용 땔감 연료로는 화목으로 사용하는 나무나 석탄으로 만든 연탄이 주로 사용되었다.

방안에 난방용 연료를 때면 땔감이 타는 곳에서 가까운 곳을 아랫목이라고 하는데 그 시작점인 아랫목이 제일 따뜻하였다. 그래서 그 시절 전기보온밥솥이 세상에 나오기 전에는 어머니께서 밥을 지어서 밥그릇에 담아 밥뚜껑을 덮고 따뜻한 아랫목에 얇은 이불을 깔고 그 위에 밥을 담은 밥그릇을 가지런히 놓고 그 위에 다시 두툼한 이불을 덮어서 밥의 보온을 유지하게 하였다. 보온밥솥의 역할을 하는 곳이 바로 아랫목 이었다.

굴뚝이 있는 방향일수도 있으나 아랫목에서 반대되는 곳을 윗목이라고 하였는데 윗목은 열기가 거의 식은 상태로 도달하는 곳이었기 때문에 아랫목에 비하여 상대적으로 따뜻하지가 못하였다. 저녁쯤에 불을 때면 그 열기로 인하여 방안이 매우 건조하였다. 지금의 가습기 역할을 대신하기 위하여 수건이나 깨끗하게 세탁한 걸레 등을 윗목에 놓고 잠을 자고 일어나면 그 이튿

날 아침에 아랫목은 따뜻한 열기가 그대로 남아 있고 윗목에 있는 걸레는 꽁꽁 얼어 붙어있는 경우가 다반사였다.

현재 남한의 주택은 구들장처럼 돌을 달궈서 따뜻한 공기로 보온을 유지하는 것과 달리 거의 대부분 집안 전체에 수도관 같은 관을 바닥에 깔고 도시가스, 기름, 전기 등의 연료를 사용하는 보일러를 이용하여 물을 따뜻하게 끓여서 바닥에 설치한 관속을 통과하게 하여 보온을 유지하는 방식으로 방안과 방 바닥의 난방을 해결하고 그 외에 난방용 자재를 이용하여 내외벽면의 벽체를 만들어서 추운겨울 동안에도 그다지 추위로 고생하지 않고 생활하고 있다.

북한의 주택은 큰 도심 속 새롭게 지은 아파트 같은 주택을 제외하고는 예전의 재래식 주택이 대부분이고 남한에 비하여 위치적으로 추운 지방에 있는 북한의 겨울은 상당히 추울 뿐 아니라 난방 또한 충분치 못할 것이다. 북한에서는 겨울철 난방용품으로 문틈으로 스며들어오는 바람과 찬 공기를 막아주는 스펀지의 뒷면에 접착테이프가 붙어있는 남한의 문풍지가 굉장히 인기 있는 상품이라고 한다. 접착력도 문제지만 문을 자주 여닫아도 스펀지 기능이 오랫동안 그대로 살아있어서 인기라고 한다.

남한에서는 일반 철물점이나 잡화점 등에서 값싸고 손쉽게 구할 수 있는 상품일지라도 북한에서는 아주 귀한 대접을 받을 수도 있는 것이다. 남한에서 쉽게 구할 수 있는 모든 물품들이 북한에 진출한다 해도 전부 귀한 대접을 받을 수 있는 것은 아니겠지만 문풍지는 예외로 취급 받아야할 것 같다. 또한 겨울철 보온제인 뽁뽁이 비닐과 취침용 슬리핑백이나 이중보온 효과를 거둘 수 있는 취침용 보온텐트 등은 그다지 값비싼 물품이 아닐지라도 북한지역의 매섭고 추운 겨울저녁을 따뜻하게 생활하도록 도움을 주어 북한지역

주민들에게는 가성비 만으로도 최고로 사랑받을 수 있는 방한을 겸한 인기 있는 겨울용품이 되어줄 것이다.

이들 방한 용품을 생산하는 관련 업계에서는 구매자가 많은 거대한 북한 시장에 진출하기 위해서는 북한지역의 주택에 적합하고 필요로 하는 다양한 형태와 촘촘함을 더욱 보강한 문풍지를 포함하여 난방용 뽁뽁이 비닐 그리고 슬리핑백과 방 안의 추운 공기까지 막아주는 취침용 보온텐트 등의 방한 용품 개발과 증산계획을 지금부터 준비해야하고, 그 물품들은 추운 겨울날이 많은 북한지역을 따뜻한 겨울로 변화시켜줄 것이다.

미와 청결함의 상징 북한여성

예전부터 남쪽에는 남성이 북쪽에는 여성이 인물이 좋다는 남남북녀(南男北女)라는 말이 있다. 그러나 이제는 남남북녀(南灠北仔), 즉 "남쪽에는 넘쳐나고 북쪽에는 순수한 아름다움이 그대로 간직되어 있다."라는 표현이 적절할 것 같다.

순수한 아름다움을 유지하고 가꾸기 위해서는 우선 마음가짐도 중요하겠지만 북한 여성들의 아름다움을 더욱 돋보이기 위해서 북한 내 여성용품 시장이 제 역할을 위해 굉장히 뜨거워질 것만 같다.

우선 화려한 색채를 좋아하는 북한 여성들을 위한 색조 화장품과 미용용품, 피부를 곱게 해주는 영양크림 등 세계에서 인정받는 남한에서 생산 되는 여러 화장품의 진출을 많은 북한 여성들이 기대하고 있을 것이다.

특히 평양지역의 부유층 여성들은 양질의 고급화장품 구입이 필요하다면 지갑을 여는데 절대로 주저하지 않을 것이다. 옥(玉)도 원석을 아름답게 다듬고 가공해야 제대로 된 보석이라고 할 수 있을 것이다. 많은 북한의 여성들은 순수한 아름다움을 현상 그대로 간직하고 있지만은 않을 것이다. 개방적이고 적극적인 성향 탓으로 그동안 억누르고 잠재적이었던 아름다움을 더욱 빛나게 하려는 노력이 굉장히 많을 것이다.

남한내 유수의 여러 화장품업체에서는 지금이야 말로 북한진출을 위한 시동을 걸어야하는 시기가 아닐까 싶다.

다음으로 위생용품 시장 또한 시급히 북한 진출을 준비해야 할 때라고 생각한다. 현재 북한에서는 여성들을 위한 위생용품의 경우 품질도 문제이지만 공급 또한 충분치 않아서 결국은 비용의 문제로 귀결되어 불편함을 감내하면서까지 예전의 전통적인 방식을 이용하는 경우가 많다고 한다. "해뜰 때 우산을 준비하라."는 이야기가 있다. 남북한의 교류가 본격화되는 시기에 생산을 늘리면 되겠지! 라는 안일한 생각보다는 현시점에서는 생산라인을 어떻게 증설하면 좋을까?를 고민해보는 것이 맞는 것 같다. 생산라인 증설에 따른 자금이나 공장 등을 미리 조사해놓아도 북한은 충분한 수요층과 잠재력이 있는 크나큰 시장이기 때문이다.

마지막으로 여성용 스타킹과 속옷도 주목해야 할 중요한 시장중의 하나이다. 최근 몇년전 무늬가 있는 고급스타킹을 북한 여성이 신고 다니는 모습을 국내언론사에서 방송한 적이 있었다. 이제는 고탄력스타킹, 아름다운 무늬가 있는 스타킹은 이미 북한에서 신기한 제품이 아닐 수 있다. 하지만 이런 스타킹 제품을 비롯하여 속옷 등 북한 여성들을 위한 제품들을 생산하는 많은 기업들은 북한 진출에 대비하여 지금부터 만전의 준비를 해야 할 것이다. 어마어마한 규모의 수요가 예상되는 여성용품 시장에 시급함 없이 적당히 준비하는 것은 경쟁사의 발전을 도와주는 일이 되기 때문이다.

알라딘의 마술램프 같은 상점

예전 도심의 도로변이나 상가지역에는 책을 판매하는 서점이나 사진관, 학교 앞에 있는 문구점 건축자재 등의 일부품목을 제외하고는 대부분의 업종들이 재래시장이나 그 주변 지역에 집중되어 있었다. 예를 들어 재래시장을 지금의 대형마트라고 가정한다면 각 상점들은 마트의 상품코너에서 각자의 상품을 판매하는 소사장제도의 형태로 운영되고 있었다.

지금의 재래시장은 편의점이나 마트 등의 영향으로 과거처럼 활성화되고 있지는 않지만 아직까지도 종합백화점과 같은 형태와 기능을 수행하고 있다. 그런데 1970년대 초에 재래시장을 잔뜩 긴장시키는 사건이 발생되었다. 그것은 여러 명의 소사장제 판매형태가 아닌 하나의 커다란 점포에 단일사장으로 운영되는 대형 상품판매점인 슈퍼마켓의 등장이었다.

도로변의 조그만 상점이 아닌 대형화 된 매장 안은 환경이 쾌적하고 물건들도 배치가 잘되어 있으며, 가격 또한 정찰제로 가격표시가 잘되어 있었고, 가장 중요한 것은 한 장소에서 다양한 여러 물품들을 다른 상점으로 이동하지 않고 한꺼번에 구매할 수 있다는 점이 무척이나 매력적이었다. 여름철에는 은행처럼 시원한 에어컨이 가동되었고 겨울철에는 난방으로 따뜻했다. 한동안 재래시장을 이용하던 구매자들은 슈퍼마켓으로 발길을 돌려서 슈퍼마켓이 북새통을 이루었던 적이 있었다. 요즘에는 재래시장과 대형마트, 중형의 마켓과 소형의 편의점으로 구분되어 저마다의 매장 특성에 맞는 물품을 잘 구비하고서 고객들을 기다리고 있다.

재래시장과 마트와 달리 가끔씩 볼 수 있는 특별한 상점이 있는데 그것은 만물상이었다. 만물상은 한 장소에서 장기간 영업을 하지 않고 여러 장소로 자주 이동을 하면서 단기간 동안 많은 종류의 물품들을 아주 저렴한 가격에 판매를 하기 때문에 우연히 만물상을 발견하게 되면 꼭 필요로 하거나 또는 그렇지 않음에도 물건을 구매하는 경우가 많은 상점이었다. 그 후에 만물상을 모델로 하여 만들어진 상점이 천원샵이었다. 이 상점은 만물상과는 다르게 한 장소에서 지속적으로 물품들을 판매하는데 매장안의 제품의 대부분이 천 원이라는 저렴한 금액으로 판매하고 있고, 일부품목에 대해서는 천 원 이상의 금액으로 구입할 수 있는 물품도 전시되어 있으나, 매장 특성상 아주 고가의 물품들은 판매하지 않는다.

북한에서 상품을 판매하는 상점들의 형태는 과거 남한의 1970년 초 재래시장과 슈퍼마켓이 공존하던 모습일 것이다. 도심 곳곳에 현재 우리의 편의점 같은 상점(매대)들도 여럿 있겠지만 지금의 남한처럼 상품을 판매하는 상점들의 구조와는 다른 것이다. 이런 북한지역에 과거의 만물상 같은 천원샵 전문상점이 진출한다면 북한주민들에게 굉장한 인기를 독차지하는 것은 아주 자명한 사실일 것이다.

남한에서도 천원샵의 인기는 높은 편인데 물자들이 부족한 북한 지역에 고급스럽게 만들어져서 포장되어 있는 다양한 상품들을 천원에 구입할 수 있다는 것은 아마도 조금 과장되게 표현한다면 북한 주민들은 알라딘의 마술램프에서 물건을 가져오는 느낌과 크게 다를 바가 없을 것이다.

남북한 간 왕래가 자유로운 시기에 북한지역에 천원샵 상점을 오픈하는 것이 가능하다면, 설령 대규모의 매장이 아니고 재래시장에서 운영하는 정도의 작은 규모의 상점일지라도 남북교류 중에서 가장 인기 있고 수익성과 성공 가능성이 높은 사업 중 하나로 꼽을 수 있을 것이다.

임플란트방식 칫솔

칫솔은 남북한 주민 모두 사용하는 생활 필수품이다. 일상생활 속에서 많이 사용하는 칫솔 중에서 손잡이만 재활용하는 칫솔을 만들어서 판매하면 좋을 것 같다는 생각이다. 칫솔모는 그렇다 치더라도 칫솔 손잡이는 얼마든지 재활용이 가능한 부분이기 때문이다.

북한이 개방되고 더 나아가서 통일이 된다면 그야말로 엄청난 물자들이 북한으로 들어갈 것이다. 개방이나 통일 초기에 채 정비가 되지 않은 상태에서 자칫 잘못하면 재활용이 불가능하고 환경오염의 주범이 될 수 있는 폐기물 쓰레기들이 유입되어 북한을 뒤덮을 수 있다는 노파심이 든다. 얄팍한 금전적 이득이나 상술 때문에 쓰레기 천국이 될 수 있기 때문이다.

오래전에 북한의 금강산 지역의 화장실 등에서 배출되는 대소변 등은 별도의 용기에 담아서 사람이 직접지게로 나른다는 기사를 접한 적이 있다. 이러한 부분으로만 본다면 북한의 금강산 물은 오염되지 않은 청청수로 관리하고 있다고 볼 수 있다. 남한의 어느 지역에서도 찾아볼 수 없는 관리방식이다. 반면에 그 지역을 벗어난 다른 곳에서는 오염상태가 심각하다는 기사도 접한 적이 있다.

한 번 오염된 것은 다시 재생 하기까지 많은 시간과 노력 그리고 비용들이 소요된다. 따라서 북한의 개방초기에는 별도의 통제나 제한을 받지 않고 많은 물품들이 반입될 가능성이 높기 때문에 진입하는 물품에 대하여 엄격한 심사나 제한을 두는 것이 필요하다고 생각한다.

"향후 지구상에 존재하는 십장생은 플라스틱이나 비닐"이라는 우스꽝스러운 이야기가 있다. 그만큼 플라스틱류 제품의 공해가 심각하다는 이야기가 될 수 있다. 큰 것 보다는 작은 것부터 그리고 어려운 것보다는 쉽게 할 수 있는 것부터 시작하는 것이 편하고 좋듯이 간단한 것이겠지만 칫솔 손잡이부터 플라스틱 쓰레기를 줄여보면 좋겠다는 생각을 했다. 북한의 전 주민들의 숫자만큼 칫솔을 한곳에 모아두면 그 양도 엄청날 것이다. 그래서 그 양을 절반정도만이라도 줄여보면 좋겠다는 생각이다.

래디어스의 '소스(SOURCE)'라는 칫솔이 손잡이와 칫솔모가 탈부착이 가능한 형태로 되어 있다. 이런 손잡이와 칫솔모의 탈부착이 가능한 칫솔을 국내 업체들이 생산하면 좋을 것 같다. 요즘 공유가치창출(CSV : Creating Shared Value) 운동이 한창 확산되고 있다. 공유 가치 창출이란? 시민의식과 자선활동을 주 동기로 하여 기업에게 비용으로 인식되는 전통적인 기업의 사회적 책임(CSR : Corporate Social Responsibility)과는 달리, 기업의 이윤극대화를 실현하는 동시에 기업경영상 존재하는 사회문제를 직접 해결하려한다는 차별점이 있다.

이러한 공유 가치 창출 운동의 일환으로 환경보호도 하고 새로운 임플란트 방식의 칫솔을 제작하여 남한은 물론 북한지역에도 판매하는 방안을 관련업계에서는 적극적으로 검토하면 좋겠다는 생각이다.

주방용품에 주목하라

1990년대 초 음식을 싱싱하게 보관하는 신선용기 파빅스 싱싱아가 주부들의 인기를 한 몸에 받기 시작했다. 그 후 조금 더 세련된 디자인과 색상으로 만들어진 다양한 용도의 수입용기인 타파가 한국시장을 점령하게 되었고, 그후 락앤락, 퓨어그린락 등 다양한 제품이 출시되었고, 최근에는 씨밀렉스(CIMELAX)에서 좀더 소형화되고 다양성과 기능을 갖춘 상품으로 제작된 관련제품들이 여러 상점과 인터넷 쇼핑몰 등에 진열되어 판매되고 있다.

과거에는 식기나 그릇 제품이 유리나 사기 등과 철제품으로 만들어졌었다. 당시에는 플라스틱 제작이 어려웠기 때문일 것이다. 그러나 플라스틱류 제품이 출시되면서부터 주방에서 사용되는 그릇은 물론 숟가락이나 젓가락 그리고 심지어 도마나 칼까지도 플라스틱 제품으로 교체되기 시작하였다.

플라스틱 제품으로 교체되는 가장 큰 장점은 가볍고 가격이 저렴하고 쉽게 깨지거나 변형되지 않고 특히 지방성 음식물도 기존 사기나 철제품에 비하여 쉽게 닦아 낼 수 있어 식기세척에도 편리하다는 점일 것이다. 물론 세상에는 100% 완벽이라는 것은 없기 때문에 열에 약하다는 단점은 매우 아쉬운 부분이라고 할 수 있다. 이러한 플라스틱 밀폐용기에 디자인과 기능을 향상시켜 보관의 편리성과 신선도 유지 기능을 가진 플라스틱 밀폐용기는 주방에 혁신을 가져온 제품이라고 할 수 있다.

이미 북한에도 여러 가지 플라스틱 주방용품들이 북한 주민들의 주방을 많이 차지하고 있겠지만, 신선도 유지와 화려한 색상은 물론 다양한 종류의 플라스틱 용기는 아직도 북한 주부들의 호기심을 충분히 불러일으킬 수 있는 상품일 것이다. 왜냐하면 플라스틱 주방용품이 남한 시장에 진입한지도 어언 30여 년이 되었음에도 아직까지 신제품들이 출시되어 판매되고 있는 중이고, 북한 지역에서는 전력보급이 원활하지 못해서 냉장고 사용이 쉽지 않은 지역에서는 더욱더 수요가 많을 수 있기 때문이다. 더더구나 플라스틱 용기는 보관과 사용이 편리함도 있지만 그 기능에 비하여 가격이 상대적으로 저렴하다는 커다란 장점이 있기 때문이다.

1983년 1월 1일부터 50세 이상 국민에 한하여 200만 원을 1년간 예치하는 조건으로 연 1회에 유효한 관광여권을 발급하여 주기 시작함으로서 대한민국 사상 최초로 국민의 관광목적 해외여행이 자유화되었다. 그후 1980년대 후반 이후 남한의 경제규모가 커지고 국민의 전반적인 생활수준이 향상되는 동시에 국제수지가 흑자로 전환되면서 해외여행 개방여건이 성숙되자 정부는 1989년 1월 1일 국민 해외여행을 전면 자유화 시켰다. 해외여행 자유화 이후로 물밀 듯이 쏟아져 들어오는 외국 제품들이 많았고 그 시기에 파빅스 싱싱아가 출시되었으며, 지금 까지도 동종의 제품들은 여전히 꾸준하게 주부들의 사랑을 받는 상품들 중의 하나 이다. 북한에도 개방의 물결이 시작되면 생활이 풍족해 질 것이고 북한의 주부들 역시 편리함과 기능성이 좋은 플라스틱류의 주방용품은 북한주부들의 구매욕을 자극하여 지갑을 열게 하는 충분한 매력을 지니고 있는 상품일 것이다.

치약은 순서대로

국내최초의 애니매이션 1호 광고는 락희화학공업사가 생산한 튜브형 치약인 '럭키치약'을 광고하는 내용이었다. 1960년대 들어 불소 성분이 들어있는 럭키치약은 많은 인기를 끌며 치약의 대중화가 시작되었다.

그 후 ㈜한국존슨앤드존슨에서 시판한 시린 이 예방에 '센소다인치약', 치아와 잇몸사이 치태를 제거해주는 부광약품 '안티프라그 치약' 그리고 치석 제거에 효능이 있는 아모레퍼시픽 '메디안 덴탈 치약', 입냄새 예방이 되는 '덴티스트 치약' 마지막으로 미백이 되는 애경산업 '덴탈클리닉2080 어드밴스 블루 치약' 등이 시대의 변천사처럼 매 시기별로 생산하여 각각의 그 효능을 유행처럼 강조하면서 시판했었다.

몇해 전 남한의 치약이 북한에서 인기라는 내용을 접한 적이 있다. 인기가 많은 남한의 치약은 북한의 주민들이 남북교류가 시작되면 언제든지 진입해도 충분하리만큼 남한 치약에 대해서 홍보가 이미 잘 되어 있다고 한다. 그러나 치약이 진출하여도 평양 등 일부 지역을 제외하고서는 각각의 기업들이 자사의 제품을 동시 다발적으로 진입시키지 않고 예전의 남한의 치약이 시판되었던 순서대로 진입하면 좋을 것 같다.

현재 남한에 비하여 치과나 의료시설이 그다지 많지 않아 북한주민들은 상대적으로 치아질환이나 충치가 많기 때문이다. 따라서 단순하게 양치용으로 사용하는 치약보다는 진입 초창기에는 충치를 예방하거나 치료하는 불소 성분의 치약이 진출하고, 다음으로 치석이나 치태를 제거하는 성분이 많은 치약과 시린 이를 예방하는 치약이 진출해야 할 것이다. 그리고 마지막으로 입 냄새 제거와 미백 효과가 있는 치약의 순서대로 진출하는 것이 좋을 것 같다.

나름의 특성과 예방 및 치료 효과가 다른 제품을 치약생산 회사들이 경쟁적으로 진출하여 과열되게 판매하다보면 처음에는 양치효과만을 생각했던 북한 주민들에게 많은 혼란을 유발시킬 것만 같다. 그렇게 된다면 회사의 자존심과 사활을 건 출혈경쟁으로 인하여 예상과는 달리 판매수익은 기대하기 어렵고 "허울만 좋은 빈 강정"처럼 될 가능성을 배제하지 못할 수 있기 때문이다.

동종업체간의 선의의 경쟁과 품질로 승부를 가릴 수도 있겠으나 의학적인 지식이 없는 필자 소견으로는 치약만큼은 업체 상호간의 보이지 않는 룰과 신사협정을 맺어 북한주민들의 치아건강과 보건의료 분야에 기여한다는 본연의 사명까지도 준수했으면 하는 바람이다.

남북한의 통합초창기에는 말도 많고 탈도 많을 테지만 향후에 시간이 지나서 남한 기업들 때문에 북한 주민들의 치아 건강이 좋아졌다는 이야기를 듣고 싶기 때문이다.

통일이후 북한은 접근과 진입이 쉬워 보일 수도 있지만 우리가 심사숙고해서 조심스럽게 진입하고 관리해야 함은 물론 우리가 존중하고 보호 하지 않으면 그 누구도 존중하지 않고 보호하지 않는 우리 민족이라는 점을 잊지 않고 사소한 부분까지도 소중하게 중요시 여겼으면 좋겠다. 치약 장사하는 데 민족까지 거론 하는 것은 너무 과한 표현이라고 할 수 있겠지만 그만큼 통일은 소중하고 간절하기 때문에 치약하나 까지도 정성을 쏟아야만 하는 것이라는 생각이다.

08

서비스

- 공익과 사익을 겸하는 사업
- 남자 미용사
- 유휴지를 노려라
- 찜질방
- 택시관광업·고향방문을 위한 가이드
- 호텔 등 숙박업은 남한에 가까운 지역에

평 양 상 인 경 성 탐 방 기

공익과 사익을 겸하는 사업

개방의 물결이 북한지역에 미치게 되면 많은 사람들이 북한을 방문하게 될 것이다. 특히 관광객은 물론이거니와 필자와 같은 실향민 2세를 비롯하여 오래전 고향을 떠나온 실향민 1세와 얼마 전 고향을 떠나와서 고향을 방문하거나 귀향을 서두르는 탈북민 등 많은 사람들이 북한을 방문하려고 할 것이다. 개인차량을 이용하여 방북을 할 수도 있겠지만 초창기에는 별도로 승인받은 차량을 제외하고서 육로로는 기차나 대형버스, 육상에는 항공기 그리고 해상으로는 대형 선박들이 방북할 수 있는 유일한 교통수단이 될 것이다. 개방초기 북한지역의 도로나 여러 제반시설을 비롯하여 법적인 제도들이 충분히 마련되어 정비될 때까지 일정한 규칙이나 통제가 없으면 남북한 모두 엄청난 혼란을 겪을 수밖에 없기 때문이다.

여행사에서 판매하는 관광 상품 중에 모든 일정 등과 스케줄을 미리 정해 놓은 대로 운영하는 것을 패키지여행 상품이라고 한다. 아마도 초창기 북한관광 역시 패키지 상품 형태로 운영될 것이다. 그러나 패키지관광 상품 중에서도 전체 일정 중 하루 이틀 정도는 자유 일정이 있는 상품도 있다. 이와 같이 패키지 관광일지라도 얼마간의 시간은 자유 일정이 허락된다면 평양을 비롯한 대도심을 제외하고서는 대부분 대중교통수단이 충분하게 마련되어 있지 않으므로 별도의 교통수단을 동원해야만 개별적으로 희망하는 지역을 관광 하거나 원하는 장소에 방문이 가능할 것이다. 특히 실향민이나 탈북민들은 관광보다는 고향이나 고향집 방문이 더 우선적이고 간절할 것이다.

개별적인 장소에 방문하는 많은 사람들을 충분히 수용할 만큼 대중교통이나 택시 등이 많지 않은 북한지역에 남한에는 넘쳐나는 자동차를 북한에 들여와서 편리한 교통수단을 제공하는 렌터카 사업을 하는 것은 크게는 공익적인 기여와 작게는 개별적인 경제적 이윤 즉 사익을 추구할 수 훌륭한 사업이 될 것이다.

남한에서 북한을 방문하는 사람들 대부분은 운전을 할 수 있는 면허를 취득한 사람들이 많기 때문에 아주 깊은 산골 등을 제외하고서는 북한지역의 도로주행에도 크게 어려움은 없을 것이다. 다만, 남한의 경우와 달리 도로포장이 충분하게 되어있지 않다는 아쉬운 점은 있지만 북한 전 지역에 도로포장까지를 기대하면서 운전을 하겠다는 기대 또한 너무 사치스러운 욕심일 것이다.

본인 소유의 자동차를 가지고 북한 땅에서 운전하는 모습을 상상해보면 너무나 행복하고 감격스러운 일이겠지만 렌터카를 이용해서 북한지역을 운전하며 다닐 수 있는 것 자체만으로도 충분한 기쁨을 선사받는 것이다. 북한 개방 초창기에 대형자동차들을 이용하여 실향민 개인들의 고향과 고향집을 전부 방문해 줄 수는 없겠지만 렌터카는 이들 실향민들의 오랜 숙원과 소망을 해결해주기에는 충분하리만큼 최적의 수단이 될 수 있을 것이다.

실향민들의 오랜 숙원을 해결해 주는 공익적인 측면과 이로 인해 경제적 이윤을 얻을 수 사익을 겸할 수 있는 렌터카 사업은 가히 매력적이라고 할 수 있을 것이다.

남자 미용사

요즘에는 남성과 여성을 구분하는 영역이나 장벽들이 최소한의 몇몇 제한적인 요소를 제외하고는 점차 없어지는 추세이다. 그만큼 여성들의 사회활동이 활발해지고 많은 분야에 여성들의 참여가 많아진 탓이겠지만 기본적으로 성별구분 없는 인간 중심사상으로부터 기인된 남녀평등에서 오는 자연스러운 현상이라고 생각된다.

화장실이나 목욕탕, 속옷 그리고 여성용품 등 상호 공유가 불가능한 몇몇을 제외하고는 남녀 모두 공용으로 이용하거나 활동하고 있는 분야가 대부분이다. 예를 들면 의류나 가방, 모자, 신발 또는 쌍꺼풀 수술 등의 성형이나 미용을 위한 성형외과나 화장품 등 그리고 전통적 유교사상으로 비쳐볼 때 여성의 전용공간인 부엌이나 요리사는 이미 많은 남성 요리사들이 활동하는 무대가 된 지 오래되었고, 돌아가신 분의 염을 하거나 장례절차를 안내하고 지원해주는 장례지도사 분야에 이르기까지 남성이 주로 활동하는 고유한 영역에는 여성들이 진출한지 이미 오래전의 일이 되었다.

필자는 20년 전부터 단골로 이용하는 이발소가 있다. 이곳 이발소의 이용사 분은 일반적으로 생각하는 남성 이용사가 아닌 80대 중반의 할머니께서 이용사로 그 이발소를 운영하고 계신다. 직접 조발을 하고 면도와 염색 그리고 머리도 감겨주신다. 오래전부터 다니며 이용하는 곳이라 필자는 할머니 이용사분께는 아주머니라는 호칭을 사용하고 있으며, 연령을 뛰어넘어 자주 대화를 나누는 말 친구의 관계도 맺게 되었다. 최근에 미용실에는 남자 미용사들이 많아졌지만 이발소에 여성 이용사가 있다는 이야기는 처음 듣는 사람도 있을 것이다. 이렇듯 필자가 아주머니라고 호칭하는 여성 이용사 그분은 최근의 남성 미용사들처럼 오래전부터 남녀 영역의 벽을 허물고 신여성의 길을 걸어온 개척자라는 표현이 더 어울릴 것만 같다.

남한에서는 아주 자연스러운 직업이 되었지만 미용실에 처음으로 남자 미용사가 등장했던 당시에는 굉장히 빅뉴스 거리가 되었던 때가 있었다. 북한에는 시대의 변화에 따라 예전과는 달리 많은 변화가 있었다 하더라도 남한에 비하여 비교적 전통적이고 유교적인 그리고 가부장적인 사상이 많은 곳이다. 이런 북한지역에 남자 미용사가 진출해보는 것은 정말 히트일 것만 같다.

패션과 유행의 1번지 평양에 남자 미용사가 미용서비스를 제공하는 미용실이 등장한다면 처음에는 예전의 남한에서처럼 커다란 뉴스거리가 되겠지만 평양의 유행을 선도하는 신여성들은 남성만이 가지고 있는 의외로 섬세한 남성 미용사의 미용기술과 서비스를 경험하기 위해 하나둘 미용실을 찾을 것이다. 평양에 남성미용사가 운영하는 미용실을 생각만 해도 참으로 멋지고 재미있을 것 같다.

유휴지를 노려라

북한은 전 세계 여러 나라중 손에 꼽을 수 있을 정도로 훌륭하게 설계된 계획도시를 가지고 있는 나라중 하나라고 한다. 도시설계를 준비하는 최초 기획단계에서 부터 건설에 이르기까지 도시의 기능과 효율성을 최대한 살릴 수 있도록 기획하여 건설한 훌륭한 계획도시가 바로 북한의 평양이라고 한다.

북한이 개방되면 훌륭하게 설계된 평양으로 모든 산업과 물품들 그리고 관광객들을 실어 나르는 차량들이 일시에 몰려들 것이다. 그렇게 되면 다행스러운 일은 훌륭하게 설계된 도시의 기능이 그 유명세에 걸맞게 그 진가를 톡톡히 발휘하여 어느 정도의 혼란은 경감시킬 수 있을 것이다. 다만, 넘쳐 나는 관광객들을 유치할 숙박시설이나 편의 시설 같은 서비스시설과 각 지역으로 이동할 수 있는 교통시설 등은 점진적으로 보완되어야 할 것이다.

세계적으로 인정받는 평양의 계획도시에도 예전과 같지 않게 자동차들이 많이 운행되고 있다고 한다. 그래서 평양에도 주차장이 하나둘 점차 늘어나기 시작하였고, 게다가 최근에는 자동차를 주차하고 잠시 세워두는 장소인 주차장사업에 북한 군부의 실세라 할 수 있는 보위성이 뛰어들었다고 한다. 북한의 주차장은 우리와 같이 자동차를 세워두는 장소로의 개념은 동일하지만 자동차의 도난이 빈번한 북한에서는 자동차를 지켜주는 일까지도 주차장의 업무라고 한다. 이런 북한의 주차장에서 군인들이 무장을 하고서 자동차를 지켜주는 사업을 보위성에서 직접 뛰어들 정도로 평양에서의 주차장 사업은 굉장히 핫한 사업 중의 하나라고 한다.

과거 중국개방 초기에 남한의 일부 사람들이 중국의 도심이나 주택가 지역 공터를 저렴하게 임대하여 주차장 사업을 통해서 많은 수익을 냈었던 사례가 있었다. 그만큼 폐쇄된 사회주의 국가가 개방이 되고 자본주의 경제 제도를 도입하게 되면 자연스럽게 발생할 수 있는 현상일 것이다. 그런데 북한의 국가 보위성에서 평양지역의 주차장 사업을 시작했다면 향후 평양지역에서의 주차장 사업은 권장 사업으로서는 적절치 않겠지만, 평양을 비롯한 북한의 여러 지역에 주차장 사업 같은 자본주의 경제제도가 점차적으로 자연스럽게 하나둘 도입 시행 중에 있다는 것은 매우 고무적인 현상이라고 해야 할 것이다.

필자가 강조하고 싶은 내용은 평양지역이 아닌 북한지역 내에 있는 오래된 유적지나 사찰 주변의 토지에 관심을 갖도록 권하고 싶다.

북한의 오래된 사찰의 경우도 남한과 같이 도심이 아닌 지방이나 산속에 주로 위치해 있다. 이런 사찰 유적지에 공식적으로는 스님 복장을 하고 있는 분들이 있으나 이들은 스님이 아닌 사실상 사찰을 관리하고 방문객을 안내하는 관리인들에 가깝다고 할 수 있다. 그들은 사찰에 기거를 하는 경우도 더러 있겠지만 대부분의 경우 인근 주택에서 생활하면서 사찰에 출퇴근하면서 시설물들을 관리하는 사람이라고 한다. 게다가 몇몇 사찰을 제외하고 그 외 사찰 주변에는 편의시설들이 거의 없다고 하는데 이는 방문객들이 많지 않다는 결과라고 할 수 있다.

북한이 개방이 되면 우선적으로 사찰이나 유적지 그리고 궁궐터 주변에 유휴지를 비롯하여 방치되어 있는 공터 등을 장기간 임대하는 것이 중요한 포인트일 것이다. 많은 자동차와 관광객들이 평양을 비롯하여 대도심지역으로 몰리는 것은 당연하겠지만 그들이 도심 속을 관광하는 것은 한계가 있을 것이다.

　남한의 경우에도 관광지라하면 바닷가나 경관이 수려한 장소를 포함하여 많은 사람들이 찾는 장소는 오래된 유적지나 사찰을 꼽을 수 있기 때문이다. 이렇듯 북한도 개방의 바람이 불면 많은 사람들이 방문하는 곳은 유적지와 오래된 사찰일 것이다. 이런 장소 주변의 토지를 값싸게 미리 임차한 후 줄을 이어서 방문할 대형버스와 관광객들을 위한 주차장이나 상품판매 시설로 활용한다면 북한에 진출해서 적은비용으로 많은 수익을 낼 수 있는 여러 사업들 중 수익성측면에서는 상위권에 속할 수 있는 사업 아이템이 될 것이다.

찜질방

남한의 찜질방하면 한류의 한 부분을 장식할 정도로 굉장히 재미있고 특색있는 장소일 것이다. 한국에 방문하거나 거주하는 외국인들도 즐겨 찾는 명소가 되었음은 물론 이제는 중국이나 일본 등 인근 국가에도 찜질방이 있어서 성황리에 영업 중이라고 한다. 찜질방하면 양머리 모양의 수건을 머리에 두르고 찜질방에서 대여해 주는 동일한 색상과 디자인의 실내복장을 입고 식혜를 마시며 가족들과 대화를 나누는 즐겁고 화목한 장소이거나 집에서 가출한 사람이 지내는 장소로써의 두 가지 상반된 모습으로 각인되어 있는 장소가 찜질방이다.

온돌생활에 익숙한 우리민족은 근래에 들어서는 아파트 등으로 주거시설이 바뀌다보니 아랫목처럼 따끈한 장소에서 몸의 체온을 높여서 신체의 긴장을 완화시키고 땀을 배출함으로 혈액순환을 좋게 하는 예전의 온돌방 같은 장소로 온돌방과 대중목욕탕의 기능을 합쳐서 도심 속에서 만든 복합체가 오늘날의 찜질방을 탄생시킨 것이다. 요즘에는 단순히 체온을 높이고 땀을 낸 후 씻는 장소에 그치지 않고 간단한 식사나 간식, 음료와 노래방이나 오락기기시설도 갖추어져 있는 소규모 건강 휴식처로 발전되었다.

찜질방이 자리를 잡기 시작한 초창기에 필자는 첫 찜질방 경험으로 지방에 업무상 출장을 갔었는데 숙소가 마땅치 않아서 찜질방에서 간단히 눈을 붙이고 편하게 씻을 수 있었다. 필자에게는 값싸고 편리하게 숙박을 해결할 수 있는 좋은 경험을 안겨다준 곳이 찜질방이었다.

북한지역에도 남한의 찜질방 같은 곳이 생기면 굉장히 인기가 좋을 것 같다. 남한에 비하여 상대적으로 추울 뿐 아니라 겨울철의 기간이 길기 때문에 찜질방은 북한주민들의 새로운 휴식처가 되어줄 것이다. 대중목욕탕 시설 곳곳에 찜질하는 장소와 대화를 즐기거나 잠을 잘 수 있는 시설 그리고 오락기구가 구비되어 남녀노소가 편하게 즐길 수 있는 장소에 북한주민들의 많은 관심과 시선을 받지 못할 이유가 없는 것이다.

필자가 처음 경험했던 찜질방처럼 북한개방 초기에 부족한 숙박시설을 찜질방이 그 역할을 대신 해줄 수 있을 것이며, 온돌문화에 익숙한 한민족의 문화통일은 제일 처음 찜질방이 그 역할을 충분히 해낼 수 있을 것이다.

택시관광업·고향방문을 위한 가이드

필자는 예전에 결혼식 이후 신혼 여행지를 제주도로 정해서 다녀왔었다. 당시에는 해외로 신혼여행을 가는 것 자체가 굉장히 어렵기도 하였지만 금기시되던 분위기여서 많은 신혼부부들이 제주도를 신혼여행지로 선택 했었다. 제주도에서 관광을 하기 위해서 거의 대부분의 신혼부부와 같이 필자부부도 택시를 대절하였다. 택시기사 분께서는 여러 관광지로 운전하며 안내를 해주셨고, 그 지역의 유래에 대한 설명은 물론 우리부부의 사진도 직접 촬영까지 해주는 1인 3역의 역할을 감당하셨다. 당시에 필자는 택시관광업을 하시는 기사 분은 운전을 비롯하여 가이드와 사진기사의 역할까지 수행할 수 있어야만 가능한 직업이라는 생각을 하게 되었다.

북한이 개방되면 가장먼저 북한을 방북하는 사람들은 고향을 떠나온 실향민과 탈북민일 것이다. 실향민들은 생전에 고향을 방문하는 것이 가장 큰 소망일 것이다. 그러나 방북에 필요한 1차적인 비용문제가 해결되어 북한에 방문한다고 해도 고향이 있는 지역이나 고향집에까지 방문하는 일은 쉽지 않을 것이다. 우선 첫째로 이동할 수 있는 교통수단이 문제일 것이다. 두번째로는 그동안 많은 변화가 있어서 고령의 실향민들이 고향 지역을 쉽게 찾아 갈 수도 없으며, 셋째로 실향민의 예전 고향집 주소와 지금의 주소와는 많이 다르게 변경되었다는 점이다.

북한이 개방되면 실향민들의 생각으로는 금방이라도 고향집에 찾아갈 수 있을 것으로 생각하겠지만 연로한 실향민을 보호하고 도와줄 수 있는 남한의 가족들이 동반한다고 해도 현지에 도착해 보면 어려운 현실에 직면하게 될 수밖에 없을 것이다. 또는 단체로 고향이 있는 특정 도심지역에 방문했다 하더라도 개별적으로 고향집에 가본다는 것 또한 어려운 일이 될 것이다.

북한의 여러지역에 태어나고 성장했었던 탈북민들이 본인의 고향지역에서 필자가 신혼여행지에서 경험했었던 택시관광 사업을 해보면 좋겠다는 생각을 해보았다. 지역의 정보도 잘 알 수 있고, 개별적으로 고향집이 있는 마을이나 고향집에 방문이 어려운 실향민과 그 가족들을 대상으로 남한의 넘쳐나는 차량을 구입하여 고향에서 택시관광 사업을 하는 것도 탈북민들에게 남북교류 이후에 종사할 수 있는 전망 있는 직업으로 권해보고 싶은 업종이다.

탈북민 출신이 아니더라도 남한에서 운수업을 하거나 자가용과 대중교통 등의 발달로 영업이 어려워진 개인운수업 종사자들도 현지정보에 밝은 현지 거주 북한 주민들을 기사로 채용하여 택시관광을 운영하는 사업을 구상해 보는 것도 좋을 것이다.

북한지역이 개방되고 남한처럼 사람들이 편리하게 이동할 수 있는 일정수준 정도의 사회기반 시설이 확충되기 까지는 최소 20년 이상은 소요되리라고 생각한다. 만약 필자의 예상과 달리 20년보다 더 짧아진다면 그것은 정말 감사해야 할 일이 될 것이다. 북한지역에서의 택시관광 사업에 운수관련 기업이나 개인들이 관심을 갖고 도전해 본다면 장기간 동안 호황이라는 행복을 안겨줄 수 있는 사업이 될 것이다.

호텔 등 숙박업은 남한에 가까운 지역에

북한이 개방되면 해외에서 거주하는 많은 사람들이 북한을 방문하기 위해서 남한을 경유하거나 북한으로 직접 방문하게 될 것이다. 반대로 북한에서 남한으로 방문하는 경우도 많겠지만 남에서 북으로 방문하는 사례가 훨씬 많을 전망이다. 이런 대규모의 방문객을 북한에서 동시에 전부 수용이 가능할지가 의문시된다.

우선적으로 평양과 국경주변의 대도심지역에 북한을 방문하는 관광객들이 묵을 수 있는 숙소를 건설하는 것이 급선무일 것이다. 남북한 간 왕래가 개시된다고 하여도 평양 등 대도시를 제외하고는 지방중소 도시의 숙소사정이 남한처럼 충분하지만은 않을 것이기 때문이다.

호텔이나 규모가 큰 숙박시설이 아닐지라도 개인 펜션이나 아파트 또는 일반주택을 개조하여 게스트하우스 같은 숙박시설로 활용한다면 많은 방문객들의 숙박문제를 일부라도 해소할 수 있을 것이다. 또한 지방지역이나 경관이 좋은 장소 또는 고향을 방문하는 방문객을 위해서는 이동식 캠핑카를 빌려주는 사업도 호황을 이룰 것이다.

중요한 것은 북한 전지역에 걸쳐 마구잡이식으로 도심이나 유명 관광지에 숙박시설을 너도나도 신축하여 숙박영업을 하기보다는 남한에서 가까운 개성이나 남포 그리고 평양지역을 중심으로 숙박시설을 건설하면 좋겠다는 생각을 해 보았다. 그 이유는 이 지역에 많은 사람들이 방문하기도 하지만 북에서 남으로 가는 관광객이나 남에서 북으로 가는 방문객을 대상으로 영업을 하기에도 용이하기 때문이다.

　남북이 개방되고 어느 정도의 세월이 흐르게 되면 북한의 도로나 교통사정도 굉장히 좋아질 것이다. 현재 남한의 일일 생활권처럼 북한도 일일 생활권이 가능해진다고 해도 남과 북을 하루에 이동할 수 있는 날이 가능하기 전까지는 당분간은 2일 생활권으로 유지될 것이다.

　남한은 전 지역에 걸쳐 식사까지 가능한 호텔 또는 식사까지는 어려운 경우에도 제법규모가 큰 숙소가 충분하게 마련되어 있고, 식사를 할 수 있는 식당은 숙소 주변에 대부분 영업을 하고 있지만 북한은 상대적으로 그렇지 못하기 때문에 이런 경우 상호지역을 방문하기 편리한 곳이 중간지점이므로 이동이 편리하고 여러 시설들이 많이 모여 있는 지역, 즉 한반도의 중간지점에 사람들이 자연스럽게 많이 체류하게 될 것이고 그곳에서 숙식해결을 많이 하게 될 것이다.

　북한이 개방되고 북한의 어느 곳이라도 자유롭게 투자나 영업이 가능한 시기에 대중적으로 알려지지 않은 새로운 지역에 진출하여 숙박업을 하는 것은 경쟁업체가 많지 않아서 수익이나 독자성 측면에서는 좋다고 할 수 있겠으나 숙박업도 숙박을 희망하는 숙박객이 있어야만 운영이 가능하다는 기본적인 사실만을 명심해야 할 것이다. 숙박시설이 북한지역에 우선적으로 시급하게 진출해야하는 업종 중에 하나인 것만은 사실이다. 그러나 남북한 개방 초창기에 지리적인 부분을 고려하지 않고 성급하게 투자나 건설을 한다면 숙박업으로 충분한 수익을 기대하기는 어려울 것이다.

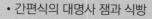

09

식품

평 양 상 인 경 성 탐 방 기

간편식의 대명사 잼과 식빵

1970년대 중반 이후 남한사회가 경제적으로 점차 나아지고 있을 때 아침, 점심, 저녁 식사와 더불어 간식이나 후식을 먹기 시작하였다. 부잣집에서는 오래전부터 간식이나 후식도 즐겼을 테지만 일반 가정집에서는 그런 형편이 되지 못했다. 농사를 짓는 농부나 공사장에서 일을 하는 근로자들도 잠시의 휴식과 함께 새참이나 간식을 먹기도 했는데 그것도 70년대 후반정도 되어서야 서서히 일반화 되었다고 할 수 있다.

요즘 현대인들은 예전 같으면 간식에 불과할 정도인 간단한 샌드위치나 햄버거, 삼각 김밥 같은 편의식을 식사대용으로 즐겨먹기도 한다. 이런 간식이나 편의식은 대체로 밥 종류보다는 빵 종류가 많았다. 왜냐하면 밥에 비해서 빵을 좀 더 쉽게 준비할 수 있기 때문이다.

필자는 어릴적에 요즘같이 비닐하우스 재배가 아닌 밭이나 노지에서 생산한 딸기를 재료로 삼아 어머니께서 딸기잼을 만드신 이후 당시에는 마땅한 용기가 없어서 작은 항아리에 보관해놓고 토스트 빵에 딸기잼을 발라서 간식으로 자주 먹었던 즐거운 어린 시절이 있었다.

향후 북한이 개방되어 시장경제와 더불어 주민들의 생활이 지금보다 나아진다면 북한주민들도 간식이나 편의식 문화가 서서히 자리를 잡게 될 것이다. 그전에라도 남한이나 다른 나라에서 북한을 방문하는 사람들은 손쉽게 먹을 수 있는 간식이나 편의식을 자주 찾게 될 것이고 개방 초기에 북한 지역의 전력사정이나 편의점 등 시설이 충분하지 못하여 일반적인 음식 종류

또한 보관이나 유통상의 문제 때문에 판매하거나 구하는 일 자체가 쉽지 않을 것이다.

필자는 유통과 보관이 쉬운 간식이나 식사 대용 종류로 토스트 식빵과 다양한 과일잼을 추천하고 싶다. 1회용 용기에 들어있는 잼도 있지만 별도용기에 담겨져 있는 잼 역시 상온에서도 크게 변질될 우려가 없어 장기간 보관이 가능하고, 토스트 빵 역시 잼처럼 장기간 보관은 어렵지만 일정기간동안 손쉽게 보관도 가능할 뿐 아니라, 포장되어 있는 토스트 빵의 양 또한 오랫동안 먹을 정도의 많은 양이 아니라는 점이다. 밥을 비롯하여 햄버거나 샌드위치는 상온에서도 쉽게 상하기 때문에 장기간 보관이 쉽지 않은데에도 토스트 빵과 잼은 그렇지 않다는 장점이 있다.

토스트와 잼 종류는 상호간 맛의 궁합은 물론 가격도 저렴하고 보관도 용이하다는 장점 때문에 북한지역에 인기 있는 편의식이나 간식으로 쉽게 자리 잡을 수 있을 것이다. 남한의 식품관련 업계에서는 초코파이 같은 완제품을 만들어서 북한에 진출시킬 수도 있겠지만 잼이나 토스트와 같은 다양한 간편 식품을 개발하여 동반 진출시킨다면 더없이 좋을 것 같다.

꼬치구이·돈가스

예전에는 유원지나 공원에서 볼 수 있었던 포장마차 음식들이 이제는 시장이나 도로주변 그리고 지하철역 인근에서 쉽게 볼 수 있다. 최근 들어서는 꼬치 종류의 음식들도 많아졌다. 그중에서도 특히 소시지, 닭꼬치, 떡꼬치 등의 음식들은 지나가는 행인들의 미각을 자극하기에 충분한 맛을 지니고 있다. 또 다른 먹거리로는 돼지고기를 직접 적당한 크기로 잘라서 부드럽게 두드림질한 이후에 빵가루를 입혀서 기름에 튀겨내는 음식을 돈가스라고 하는데 이 음식은 어릴 적부터 지금까지 먹어도 항상 맛이 있는 음식이다. 요즘에는 돈가스를 직접 만들어서 판매하는 수제 돈가스집들이 많아져서 사람들의 군침을 돌게 하고 있다.

삶거나 굽거나 익히는 음식이 많고 볶거나 튀기는 음식이 많지 않은 북한지역에 굽는 음식은 대체로 익숙하겠지만 기존의 구이와는 많이 다른 음식인 꼬치구이를 비롯하여 식재료는 다소 익숙하지만 튀겨서 조리하는 음식인 돈가스가 북한지역에 진출한다면 처음에는 서구적인 음식같이 보여져서 많이 낯설어 하겠지만 차츰 사람들의 입소문을 타고 빠른 시간에 자리를 잡을 수 있는 음식일 것이다.

순살 닭고기를 맛있게 양념해서 불에 직접 구워주는 닭꼬치와 순살 햄 소시지를 불에 구워 소스를 발라서 먹는 맛의 감동은 남북이 큰 차이가 없을 것이다. 특히나 닭고기 꼬치재료로 사용되는 순살 닭고기는 가슴살을 좋아하는 서양인들이 즐겨먹지 않은 닭다리살 부위를 미국이나 브라질 등 국가들로부터 수입해서 주로 닭꼬치용 재료로 사용하고 있으니 퍽퍽하지 않은 닭다리 살을 좋아하는 북한 주민들의 입맛에도 제격일 것이다.

돼지고기 등심부위를 부드럽게 다진 후 끓는 식용유에 튀겨서 만들어 내는 돈가스는 북한주민들에게는 새로운 먹거리가 될 것이다. 돼지고기를 찌거나 삶거나 볶아서 요리하거나 다른 재료와 함께 끓여서 먹는 방식인 북한식 돼지고기 요리에 익숙함에도 불구하고 빵가루를 입히고 튀긴 돼지고기를 맛보았을 북한주민은 그다지 많지 않았을 것 같다. 중국과 가까운 지역이라 기름에 볶거나 튀김음식을 즐겨먹는 중국의 영향으로 돼지고기를 재료로 하는 튀김종류의 음식인 탕수육조차도 북한에 널리 알려지거나 즐겨먹는 음식이 아니기 때문이다.

북한지역에 꼬치구이 전문점이나 포장마차 그리고 돈가스 전문 식당이 진출하게 된다면 북한주민은 물론 북한지역을 방문하는 남한의 방문객이나 외국 방문객들도 즐겨먹는 음식중 하나가 될 것이다. 머지않아 북한지역에 오픈하게 될 꼬치구이집과 돈가스 전문점의 간판이 눈에 선하다.

남북한 주류도수 통일

북한이 개방되면 주류시장이 뜨거워질 전망이다. 북한에도 소주나 막걸리 그리고 인삼이나 약초, 과일 또는 뱀, 호랑이 뼈 등을 재료로 사용하여 담근 술을 비롯하여 다양한 종류의 술들을 제조하여 판매하고 있다. 남한에 정착한 탈북자들의 이야기를 들어보면 제조 방법의 차이인지 아니면 과음의 탓인지 모르겠으나 북한 술은 마시면 다음날 속이 아픈데 반하여 남한 술을 마시면 도수가 낮은 탓에 많이 마시게 됨에도 불구하고 속은 쓰리지 않고 편하다고 한다.

남한소주 도수의 역사를 보면 1924년 북한 평남 용강군에서 남한으로 이주한 진로소주가 첫선을 보인 때에는 무려 35도였다. 90여년이 지난 지금은 소주 도수가 평균 17도 정도이면 거의 반 정도로 도수가 낮아졌다. 그 이유는 여성들이 점차적으로 사회참여가 많아짐에 따라 주류 소비량이 많아졌고 그중에서 가장 대중적인 소주가 일반인들이 편하게 즐겨 마실 수 있도록 시대의 흐름과 변화 속에서 소비자의 기호도에 맞춰서 생산하다 보니 도수가 많이 내려가게 된 것이 그 연유라고 한다. 최근에는 과일 향을 첨가한 과일소주는 심지어 그 도수가 13도인데도 불구하고 젊은 여성들에게 특히 인기가 좋다고 한다.

북한의 술의 도수는 대략 40도에서 25도 정도라고 한다. 아직도 남한에 비하여 도수가 높은 편이지만 그런 연유로 높은 도수의 술이 북한주민들에게는 익숙하고 보편적일 것이다. 남한에서 북한 술을 구입하여 마시는 경우 낮은 도수에 익숙해진 남한 사람들은 북한 술이 매우 독하다고 할 것이다.

기본적으로 술의 제조 방법의 영향도 있겠지만 추운지역 국가들의 술이 대체로 도수가 높은 술들이 많은 것처럼 북한도 남한에 비하여 추운 날씨의 영향이 클 것이다. 그럼에도 북한도 역시 시대가 변하면서 최근에는 과거에 비하여 낮은 도수인 25도 소주를 선호한다고 한다.

북한에서는 도수가 높은 주류를 마셨기 때문에 도수가 낮은 소주는 별로 인기가 없을 것 같지만 한류의 영향 탓인지 아니면 다음날 북한술에 비하여 숙취가 적어서 인지는 모르겠지만 북한의 청춘 남녀들의 경우에는 남한의 술을 매우 좋아한다고 한다.

북한이 개방되고 남북한 간 물류의 자유로운 왕래가 이뤄지는 시기에 남한에서 생산되는 주류는 북한의 소비자들에게 굉장히 인기가 많은 상품이 될 것이다. 특히, 전체적인 축제 분위기와 함께 남한물품에 대한 호기심과 선호도 때문에라도 수요가 많을 것이다. 개방 초창기에는 북한주민들의 익숙해진 주류의 도수를 감안해서 남한보다 높은 도수의 술을 생산하여 진출해야겠지만 젊은 층들의 취향과 수요에 맞춰 남한에서 판매하는 낮은 도수의 주류도 동시에 진출한다면 좋을 것 같다.

주류회사에서는 북한에 진출하기 위해 남과 북이 각각 선호하는 도수들의 주류생산 계획을 미리 수립하여 남북 교류가 시작됨과 동시에 축제 분위기를 돋우고 남북한 화합이라는 상징성을 부각시키기 위해 다른 어느 나라의 어떤 주류보다도 최우선적으로 남한의 주류가 제일먼저 진출했으면 좋겠다는 생각이다. 특히 남북한의 주류 도수 통일에도 노력해주기를 당부드린다.

달달함은 NO

요즘 TV 방송을 시청할 때에 요리하는 장면들을 종종 볼 때가 있다. 또한 자연을 벗 삼아 생활하는 자연인이 출연하는 프로그램을 비롯하여 여러 프로그램의 방송 중에 음식을 만들 때 과실 등으로 담근 단맛 나는 효소를 첨가하는 장면을 자주 접할 수가 있다.

필자의 고향에서 식당을 제법 크게 운영하는 친구가 있는데 그 친구는 경험담 중 "손님들은 적절하게 음식을 달게 만들면 모두 맛있다."는 이야기를 했었다. 그리고 "언젠가는 음식에 단맛이 많으면 그 맛이 개운하지 않을 것 같아서 설탕 등의 단맛을 가미하지 않았더니 고객들은 음식이 왜 이렇게 맛이 없어졌느냐고 항의를 받은 적도 있었다."라는 이야기를 했었다.

예전에는 설탕이 귀해서 음식을 만들 때 자주 첨가하지 않았겠지만 지금은 밥이나 국을 제외하고는 거의 모든 음식에 설탕을 비롯하여 단맛이 나는 식재료를 첨가하고 있는 것 같다. 어느 순간에 단맛 나는 음식에 중독되어 버린 것이다. 필자 역시 돌이켜 생각해보면 예전에는 음식이 달면 좀 느끼하다는 생각을 하게 되었는데 지금은 단맛 나는 음식이 언제부터인지 모르겠으나 내 입맛을 지배한지 이미 오래전의 일이 되어버린 것 같다.

탈북민들과 식사를 하던 중에 탈북민이 하는 이야기 속에 남쪽에는 거의 모든 음식 등이 단맛이 너무 많아서 외식하는 것이 불편하다는 이야기를 들었다. 북쪽의 음식은 담백하고 개운한 반면 남쪽의 음식은 다소 느끼하고 단맛이 강하다는 이야기였다. 사탕은 사탕다워야 하고 음식은 음식다워야 하는데 음식이 사탕 같아서 싫다고 했다. 필자에게도 충분히 공감 가는 이야기였다. 예전에는 필자 역시 단맛 나는 음식이 싫었는데 고향 친구 이야기처럼 달지 않으면 음식 맛이 없는 것처럼 어느 순간에 입맛이 변해 있었던 것이다.

평양냉면이나 어복쟁반 같은 북한 음식이 아직도 꾸준하게 인기가 있는 것은 이북에 고향을 두고 오신 실향민들의 고향의 맛이라는 점과 그 음식 맛이 달지 않고 담백하기 때문일 것이다.

남북한 간 교류가 왕성한 시기에 남북한의 음식도 당연히 교류가 많아지는 것은 당연한 기정사실이듯이 남한의 음식이 북쪽에 진출하는 초창기에는 필자와 식사를 하면서 대화를 나누었던 탈북민의 "사탕은 사탕다워야 하고, 음식은 음식다워야 한다."는 이야기처럼 음식에 단맛이 가미되는 것이 잘못은 아니지만 단맛이 나는 음식으로 북한 주민들의 입맛을 사로잡기에는 많은 시간이 필요할 것이다. 아마도 일정기간 동안은 단맛이 없는 개운한 맛의 음식으로 승부를 걸어보는 것이 정답일 것 같다.

떡볶이와 순대는 실패작

남한의 지하철역 주변이나 도심 곳곳에 분식집이나 포장마차가 곳곳에 자리를 잡고 있다. 그곳에는 튀김종류도 있고 여러 가지 간단하게 간식이나 요기를 할 수 있는 음식들을 팔고 있지만 그중에서도 단연 으뜸은 떡볶이와 순대가 가장 인기 있는 음식일 것이다. 그만큼 순대와 떡볶이는 남한의 대표적인 길거리 간식으로 자리매김 되어있다.

특히 떡볶이는 남한의 대표적인 간식을 넘어서 외국인들도 즐겨 찾는 한류음식의 한 부분을 차지하고 있을 정도로 맛있고 멋진 한류의 대표음식으로 성장하였다.

원래 떡볶이는 그 유래를 보면 대체로 떡찜에서 발전된 형태의 요리라고 하는데 조선시대에는 궁중 요리 중 하나로 간장에 고기와 채소를 볶은 다음 떡에 버무려먹는 간장 떡볶이로 먹었다고 한다. 지금의 고추장 떡볶이는 신당동 떡볶이집으로 유명한 마복림 할머니께서 만들었다. 관련 일화를 보면 6.25 전쟁 휴전 직후인 1953년도 중국집 개업식에 참석했다가 실수로 짜장면에 떡을 빠뜨렸는데, 춘장이 묻은 떡이 의외로 맛이 좋아 고추장 떡볶이를 생각하게 되었고, 같은 해 신당동에서 노점상으로 떡볶이 장사를 시작했었다. 처음에는 연탄불 위에 양은 냄비를 올려놓고, 떡과 야채, 고추장, 춘장 등을 버무려 팔았다고 한다. 그러다가 지금의 떡볶이의 형태로 바뀌고, 어느 날 여학생이 라면을 사들고 와서 같이 끓여달라고 요청한 것이 시초가 되어 라면 등의 각종 사리를 팔게 되었다고 한다.[6]

---

6) 나무위키 떡볶이편 참조

이렇듯 남한뿐 아니라 외국에서도 인기 있는 떡볶이는 북한에서는 크게 대접을 받지 못할 것 같다. 우선 떡을 각종 야채와 함께 고추장양념과 버무려서 먹는 음식 자체도 익숙하지 않을 뿐더러 떡볶이를 사먹기에는 아마도 너무 값비싼 음식이라고 생각할 수 있다. 값싸게 허기를 채울 수 있는 속도전 떡이나 옥수수 떡 같은 것도 많을 테니 북한 주민들에게 쉽게 다가갈 수 있는 음식이 아닐 것이다. 더더구나 가장 중요한 이유는 떡볶이 역시 단맛이 많이 나는 음식이라는 것이다.

다음은 순대 이야기로 가보자 순대는 대한민국의 전통 음식이자 천연 철분 보충 음식, 현재 대한민국의 대표적인 길거리 음식 중의 하나이다. 또한 떡볶이, 튀김, 라면과 함께 대한민국의 대표적인 분식 메뉴라고 할 수 있다. 사전적 정의로는 돼지 창자에 숙주, 우거지, 찹쌀 등과 돼지 선지를 섞어서 된장으로 간한 것을 채워서 삶은 음식을 뜻한다. 라고 적혀 있다.[7]

남한에는 찹쌀순대, 고기순대, 대창으로 만드는 아바이순대, 삶은 채속와 고기가 들어가는 백암순대, 고기는 빼고 채소와 찹쌀과 선지로 만든 병천순대, 선지가 주로 많이 들어가는 순대를 충청도에서는 피순대, 전라도 지방에서는 막창에 선지를 주로 넣는 암뽕순대, 제주도에서는 막창순대 라고 하며, 그 외에 명태, 오징어, 꼴뚜기, 채소순대가 있다. 북쪽에서는 대표적으로 고기순대, 아바이순대, 명태순대, 꼴뚜기순대 등이 있다.

남한에서는 순대 전문점이 아니고서는 분식점에서는 대체로 순대 재료에 당면이 들어가 있는 당면순대를 판매하고 있다. 오래전에는 선지가 많이 들어있고 찹쌀 등이 들어있는 순대가 주류를 이루었으나 어느 시점부터 당면순대가 그 자리를 차지하기 시작했다.

---

7) 나무위키 순대편 참조

북한에서는 날씨가 춥고 겨울기간이 긴 탓에 철분과 단백질 섭취가 여의치 않아서 아주 오래전부터 순대가 부족한 영양분을 보충하는 데 일익을 담당했을 것이다. 선지와 고기 그리고 야채와 찹쌀 등으로 만들어진 순대에 길들여진 탈북민들이 이곳 남한에서 당면이 주재료로 들어가 있는 당면순대는 그들의 입맛에는 아마도 모조품 같은 맛일 런지도 모른다. 그들로부터 남한의 당면 순대는 너무 맛이 없다는 이야기를 자주 듣곤 했다. 그래서 아이들도 맛이 없어 하느냐? 라고 물어보면 아이들은 그럭저럭 먹는다고 한다.

떡볶이와 마찬가지로 당면 순대 역시 남쪽의 길거리 대표 음식임에는 틀림없으나 이 또한 지금의 맛으로는 북한에 진출하는 것은 실패가능성이 매우 높을 것이다. 따라서 소비자, 즉 북한 주민들의 입맛에 맞는 상품을 개발해서 진출해야 할 것만 같다. 만일 원가를 조정하고 재료와 맛을 조금 변형시켜 새로운 맛으로 진출한다면 북한의 대표적인 길거리 음식이 되는 것은 큰 문제가 없다는 생각이다.

드링크제 전국시대

산업화가 시작되고 경제활동 인구가 점차 늘어남에 따라 자연스럽게 가정마다 소득도 증가하게 되었다. 소득의 증가로 경제적인 여유와 함께 소소하게 적은 비용의 소비도 증가하기 시작하였다. 적은 비용의 소비 중의 하나가 자양강장제인 드링크제였다. 드링크제는 일시적이고 직접적인 자양강장 효과보다는 음료와 건강 보호라는 정신적인 위안제의 역할을 수행하였다.

차나 커피는 별도로 물을 끓여야 하고 커피 잔도 준비해야만 하는 번거로움이 많았으나 자양강장 드링크제는 사전준비나 별도의 용기가 필요치 않은 간편한 접대용 음료의 역할인 동시에 성인들의 기호음료였다. 게다가 피로회복과 건강증진에도 도움이 되는 음료인 탓에 산업화 초창기에는 다른 차나 음료에 비해 상대를 좀 더 배려할 뿐 아니라, 세련되어 보이는 접대용 고급 음료의 모습을 지니고 있었다.

1960년대 말에서 1970년대 초 시기에 영진 구론산을 시작으로 동아제약 박카스, 일화 삼정톤, 광동제약 비타500 등이 그 뒤를 이어가면서 드링크제 시장은 날로 확대 되었다. 자양강장제 성격보다는 편하게 마실 수 있는 건강 음료로 탈바꿈을 하였다. 드링크제를 판매하는 회사들에게 이들 드링크가 오늘날의 제약회사로 급성장하는 데 결정적인 역할을 하여 효자 노릇을 톡톡히 했다고 하여도 과언이 아닐 것이다.

그후 삼진제약 비타 골드가 출시되었고 여성을 위한 음료 현대약품㈜의

미에로 화이바가 등장하였다. 이러한 자양강장 드링크제 전국시대에 틈새 상품으로 간 건강에 좋은 보조영양제인 웅진제약의 우루사가 시판되었다. 자양강장제에 우루사까지 그야말로 건강음료와 약품의 전국시대가 다시 한 번 펼쳐지게 되었다. 이후 스포츠 음료인 동아 오츠카의 포카리 스웨트와 롯데칠성음료㈜ 게토레이까지 가세하게 되었다.

요즘에는 드링크제의 맏형격이라 할 수 있는 박카스는 카페인 성분을 뺀 박카스 드링크 음료가 개발되어 판매되고 있는데 젊은 군인들에게 인기 많은 음료라고 한다. 박카스의 맛을 그대로 유지한 채 첨가된 일부 성분만 조절하여 캔 음료로 재탄생하였는데 젊은층에 인기가 좋을 뿐 아니라, 더 나아가서는 박카스 맛 아이스크림과 젤리까지도 개발되어 이미 시판되고 있다고 한다.

남북 교류가 시작되고 북한에 본격적인 산업화가 시작되는 시기에 자양강장제 드링크 시장은 또다시 뜨거워질 것이다. 개인의 피로회복과 건강을 위하는 것은 물론 편리하게 접대용 음료로써 제격인 드링크제는 북한에서도 최고 사랑받는 아이템이 될 것이다. 남한에서는 일부성분을 첨가하지 않은 인기음료로 탈바꿈되는 자양강장 드링크제가 북한에서는 어쩌면 그 맛을 그대로 품은 채 음료를 넘어서 빵이나 웨하스나 사탕 등 다른 식품으로 변모하여 북한시장을 주도하는 상황이 올지도 모른다는 생각을 해 본다.

자양강장 드링크제가 남북한 전국시대를 지배하는 모습이 매우 흥미롭게 기대된다.

맛내기 시장을 선점하다.

얼마 전 연예인들이 출연해서 각자의 경험담을 이야기하는 TV 프로그램을 시청한 적이 있었다. 그중 한사람이 이런 이야기를 했다. 작고하신 어머님께서 해주시던 어머니의 옛 손맛이 담긴 음식을 재현해 보려고 아무리 노력해 보아도 그 맛이 나지 않더라는 것이다. 그래서 어느날에는 어머니께서 자주 만들어주신 음식에 조미료를 넣어 보았더니 어머니께서 만들어주신 그 맛이 만들어졌다는 것이다. 그 이야기를 듣고 한참동안 웃었던 기억이 있다.

필자가 어렸을 적 당시에는 아마도 거의 대부분 어머니들께서 음식에 조미료를 많이 첨가 하셨을 것이다. 당시에는 음식에 조미료를 넣는 것이 거의 불문율 수준이었기 때문일 것이다. 현재의 대상㈜회사 즉 당시에는 미원㈜에서 생산되는 미원과 제일제당(현재 제일제당CJ)의 백설표 미풍이 국내 조미료 시장의 양대 산맥을 이루고 있었다. 특히 ㈜미원의 미원과 맛나 제품은 '88올림픽 공식 조미료'로 선정 될 정도로 인기 있는 식품첨가제였다.

그 후 인기 탤런트 김혜자 씨를 통해서 '바로 이 맛이야!' 멘트로 제일제당 쇠고기 다시다가 출시되어 인기리에 판매되기도 하였다. 다시다 출시이후 동종의 조미료류의 식품첨가제를 비롯하여 어린이들이 밥에 넣고 비벼먹는 한성기업의 뿌비또(뿌리고 비비고 또 먹고) 등이 출시 되었고 지금은 각종 장류를 포함해서 국이나 음식에 넣는 첨가제품을 넘어서 밥에 넣고 비벼먹는 나물에 이르기까지 다양한 식품첨가용 제품이 출시되고 있다.

북한에서는 조미료를 맛내기라고 한다. 아직까지는 그 종류가 많지 않지만 이제 막 북한의 주부들이 애용하는 식품첨가제들이 개발되어 인기리에 판매되고 있는 중이다. 그러나 그 맛내기가 북한 전역에 이르기까지 다양한 지역으로 고루 퍼져서 많은 주부들이 대중적으로 사용하고 있지 못하는데 그 이유는 북한지역의 식량 사정이 여의치 않아서 맛보다는 우선 양이 시급한 지역이 많기 때문이라고 한다. 향후 식량 사정이 좀 나아진다면 그 파급 효과는 심상치 않을 전망이다. 기왕이면 음식을 맛있게 먹는 것이 중요하기 때문이다.

북한은 다른 나라보다는 지역적으로 가까운 중국을 통하여 많은 생활용품들이 반입되고 있고, 해외주재원이나 파견근로자들을 통하여 다양한 물품들이 반입되고 있다. 생활이 어려운 주민들이 많다고 하지만 부유한 주민들도 상당히 많이 있기 때문에 이들 부유층과 함께 북한식당에서 주로 조미료 제품을 많이 사용하고 있으며 생활이 조금 나아진 중산층 가정에서도 조미료 사용이 점차적으로 증가추세에 있다고 한다.

북한이 개방되면 음식문화도 다양하고 풍부해짐에 따라 음식의 맛과 간을 맞추는 조미료와 양념 그리고 장류 제품들도 많이 필요로 할 것이다. 음식첨가제와 양념과 장류를 생산하는 업체에서는 개방으로 인하여 북한주민들을 비롯하여 북한을 찾는 관광객들의 입맛을 돋우기 위해서 북한에서 생산되는 북한 고유의 맛내기 제품 이외에 북한주민들도 감탄시킬 수 있는 맛난 조미료 개발을 조속히 착수해야 할 것이다. 북한의 그 큰 맛내기 시장에 남한의 기존 제품만으로 진출하여 북한주부들을 사로잡기에는 조리된 음식에 맛내기가 첨가되지 않아 미완성된 요리와도 같다는 생각이다.

모락 모락 호빵 연기

매년 겨울철이면 상점에서 호빵을 진열장에 넣고 판매를 한다. 진열장속에 있는 호빵이나 만두 그리고 고로케가 식지 않도록 따듯하게 데우면서 진열장 밖으로는 수증기가 모락모락 하며 호빵 연기를 피워 오르게 한다.

필자가 어릴적부터 여지껏 겨울철에 맛볼 수 있는 삼립호빵은 그 모양이나 맛 그리고 진열용기는 거의 예전과 비교할 때 크게 변함이 없는 것 같다. 다만 예전에는 용기의 보온을 유지하기 위해서 연탄불을 이용했지만 지금은 전기 히터를 이용해서 보온하는 것 이외에 특별히 바뀐 것은 없는 것 같다. 또한 동네 만두가게의 큰솥에서는 흰색천 위에 수십 개의 만두가 수증기와 함께 익어가면서 만두집 가게주인이 손님이 주문한 만두와 찐빵을 접시에 옮겨 담는 모습은 항상 군침을 돌게 할 뿐 아니라, 추운 겨울철에 포만감과 함께 따뜻함 마저 느끼게 해주고 있다.

북한지역의 겨울은 남한에 비하여 추위가 더욱 매섭고 기간도 훨씬 길 다는 것은 누구나 다 알고 있는 사실이다. 북한지역의 장마당이나 도심거리의 매대(상점)에서도 추위를 다소 누그러뜨릴 수 있는 상품이나 식품들이 있겠지만 식품 진열장에서 연기가 무럭무럭 피어오르는 호빵이나 만두 진열장은 없는 것으로 알고 있다. 진열장 제작이나 진열장의 보온유지에 필요한 보온용 연탄이나 전기를 사용하는 것은 별도의 비용이 필요하기 때문일 것이다.

향후에 북한지역 경제가 한참 활기를 찾고 각종 물자가 풍부해지는 시기 이전이라도 북한지역 개방 초창기에 호빵이나 만두 또는 호떡 등 겨울철 요깃거리나 간식을 대신 할 수 있는 식품이 진출한다면 지금의 삼립호빵처럼 필자가 가지고 있던 추억속의 좋은 기억을 북한주민들에게도 각인시켜 줄 수 있을 것 같다.

삼립호빵이 아니더라도 도로변이나 주민들이 거주하고 있는 동네 한 켠에 자리 잡은 분식점에서 만두를 빚어 큰 솥에 만두나 찐빵을 한판씩 쪄내는 동안 무럭무럭 퍼져 나오는 연기의 따뜻함과 좋은 느낌을 북한주민들에게도 나누어 주고 싶다. 필자만의 향수나 감흥이라기 보다는 북한 주민들도 생활이 좀 더 나아져서 추운 겨울날 따뜻한 호빵을 호호 불어가며 맛있게 먹을 수 있는 경제적인 여유와 아름다운 추억을 만들어 주고 싶은 마음에서이다.

남한의 분식점 사장님들과 호빵 제조회사에서는 겨울철 북한지역에서도 호빵을 데우고 찌는 모락모락 호빵 연기가 피워 오르게 하는 노력을 기울여서 남북한 도로 여러 곳의 길거리 상점에서 겨울철 마다 김이 모락모락 피어나는 호빵 연기가 통일한류의 하나의 장으로 자리매김 할 수 있도록 노력해 주셨으면 좋겠다는 바람을 가져본다.

모락모락 호빵 연기!

보약 같은 라면

　필자가 어렸을 적에 처음 삼양라면이라는 식품이 나왔었다. 삼양라면을 처음으로 접해본 맛은 정말 신기했다. 국수 같은데 국수 가락이 파마머리처럼 꼬불꼬불하였고, 국물 속에 고기는 없지만 고기 맛을 내는 처음 맛보는 신기한 맛이었다. 그 당시에는 가난했던 시절이었기에 라면을 구입해서 먹는다는 것은 굉장히 어렵고 사치스러운 일이었다.

　학교 앞 문구점에는 일정금 액을 주고서 뽑기판에 있는 동그란 종이를 하나를 뽑으면 종이 뒷면에 적혀있는 숫자의 해당 상품을 가져가는 방식의 게임이 있었는데 상품이 그다지 많지는 않아서 꽝도 있었고 다양한 여러 상품들이 경품으로 있었다. 그중에서 뽑기 1등 상품이 라면이었을 정도로 당시의 생활수준에는 삼양라면은 굉장히 값비싼 식품이었다.

　삼양라면 스프에는 소고기를 비롯하여 각종 채소와 조미료 등이 있어서 종합적으로 영양분이 고루 갖춰진 음식이라고 한다. 학창시절 같은반 학급 동료가 병으로 오랜 기간 동안 결석하고 학교를 나오지 못했는데 대략 두어 달 후쯤에 출석하여서 친구들이 어디가 아팠는가? 등등 궁금했던 이야기를 물어보았다. 그 친구는 병으로 고생했던 이야기보다는 병원에 있으면서 보양식으로 삼양라면을 몇 차례 먹었는데 라면 때문에 병이 나은 것 같다며 은근히 자랑삼아 라면 먹은 이야기를 했었고 다른 친구는 "나도 병원에 입원해서 라면을 먹어보고 싶다."라고 할 정도로 삼양라면은 그 당시에 굉장히 값비싼 물품이었다.

1970년~1971년 당시 삼양라면 한 개 값이 15원쯤 했던 것으로 기억하는데 필자가 초등학교 학생이었던 1971년쯤에 컵라면이 처음 시판되었는데 값이 20원이었던 것으로 기억한다. 20원이면 당시에 졸업식 때에나 먹을 수 있는 짜장면이나 우동값이 대략 20원정도 하였으니 굉장히 값비싼 식품이었던 셈이다. 끓이지 않고 뜨거운 물만 있으면 먹을 수 있는 라면이라면서 그 신기함에 이끌려 모아놓은 용돈을 털어서 구입해가지고 오신 형님 중의 한 분 덕택으로 집안의 막내였던 필자는 값비싼 삼양컵라면을 맛 볼 기회가 있었다.

그 당시 컵라면을 먹어본 기억으로는 면발은 계란을 국수처럼 만들어서 만든 계란 국수 같은 맛이었다. 지금 생각해보면 컵 라면의 면발이 끓여서먹는 일반라면보다는 가늘고 부드러워서 그런 느낌을 가졌었던 것 같았다. 그리고 20원이라는 고가에도 불구하고 상대적으로 양이 너무 적은 것이 아쉬웠다. 그리고 상점에 컵라면이 잠시 얼마동안 보이더니 그 이후로는 아주 오랫동안 컵라면을 보지 못했다. 필자의 생각으로는 아마도 가격이 상대적으로 비싸고 양 또한 너무 작아서 대중화가 되지 못했었던 것 같았다.

보약 같은 삼양라면 시대를 지나고 최근에는 다양한 종류의 라면이 나오게 되었고, 컵라면도 자연스럽게 매장에서 다른 식품들과 나란히 자리를 함께 하게 되었다. 이제는 컵라면 자판기뿐 아니라, 직접 끓여서 나오는 라면 자판기도 출시된 지 꽤 오래전 일이 되었다.

어느덧 라면도 개성공단과 여러 곳을 통하여 북한주민들의 입맛을 사로잡게 되었고 남한의 라면 또한 북한에서 인기 있는 식품이라고 한다. 북한의 날씨가 남한에 비하여 추운 날씨 탓인지는 모르지만 북한주민들은 남한의 라면 중에서 특별히 농심육개장 사발면의 인기가 으뜸이라고 한다. 라면 업체는 남북한 주민들 특히 북한 주민들이 즐겨먹는 냉면이 있지만 컵라면 형태로 뜨거운 물에 불려서 북한 주민들의 입맛을 사로잡을 수 있는 따뜻하고 맛있게 먹을 수 있는 온면을 개발하여 북한지역에서 예전 삼양라면의 전성시대를 다시한번 만들어보면 좋겠다는 생각을 해 보았다. 남한에서조차 흔치않은 남한의 분식집과 같은 형태로 만든 컵라면 전문점인 "라면 총 집합"이라는 라면 전문식당을 북한에 개점해 보는 것도 좋을 것 같다는 재미있는 상상을 해본다.

뼈다귀 해정탕(解醒湯)

우리 남한에서는 술을 마시고 난 다음날 술로 인해 숙취를 해소하고 쓰린 속과 장을 달래주기 위해서 해장국이라는 음식을 자주 먹는다. 해장국은 장을 달래고 쓰린 속으로부터 해방 하기위해서 먹는 국이 라고 생각할 수 있으나 그 뜻은 조금 다르다고 할 수 있다. 해장국의 의미가 있는 원래의 한자어는 '해정갱(解醒羹)'에서 비롯된 말로서 정(醒)이란 한자는 숙취(宿醉)나 술독(酒毒)을 의미하고 갱(羹)이라는 한자는 우리말로는 '국'이라는 의미가 있으므로 음주 이후 다음 날까지 술로 인해 깨지 않는 술기운을 풀기위해(解) 밥과 더불어 먹는 국을 해정갱(解醒羹)이라고 불렀다고 한다.

해정갱에 우리말이 가미되어 해정국으로 바뀌었고 해정국은 8.15 해방 이후 애주가들 사이에 술기운에서 해방시킨다는 뜻이 강하게 작용하게 되면서 해장국이라고 부르기 시작했다고 한다. 이런 의미의 해장국을 우리의 전통적인 고유어가 아직까지 많이 남아있는 북한에서는 해정탕(解醒湯)이라고 부른다.

뼈다귀 해장국은 돼지 등뼈와 함께 배추 우거지나 무우 시래기를 넣고 푹 고와서 감자와 고추 등의 양념을 넣어서 만든 음식인데 감자탕이라고 부르기도 한다. 뼈다귀 해장국은 뼈를 푹 고은 국물뿐 아니라 뼈에 붙어 있는 푸짐한 살을 발라서 먹는 음식으로 남한 내 값싸게 먹을 수 있는 대표적인 대중 음식 중 한 가지로 자리매김을 하고 있다.

북한에도 남한의 감자탕과 같이 돼지뼈와 묵은지 그리고 콩비지를 넣고서 조리하는 음식이 있지만 남한의 감자탕처럼 대중적이지 못하고 남한의 것과 같이 푸짐하다고는 할 수 없다. 이렇게 값싸고 푸짐한 한국적인 음식이 북한에 진출한다면 북한 주민들에게 많은 인기가 있을 것이다. 북한에서 온 탈북민들도 대부분 남한의 감자탕을 매우 좋아한다. 탈북민들 이야기로는 처음에는 감자탕이라고 해서 북한에서처럼 감자만 넣고 조리하는 감자요리인 줄 알았었는데 북한의 것과는 전혀 다르고 맛도 좋아서 즐겨먹는 음식 중 하나라고 한다.

북한에서 사골국물에 묵은지와 고사리와 콩나물 그리고 양념과 소고기를 넣어서 먹는 함경도식 해장국인 가리국밥이라는 해장국도 있지만 남한지역에 비하여 상대적으로 추운지방에 거주하여 독한 술을 마시는 북한지역에 얼큰하면서도 푸짐하고 특별히 이질감 나지 않는 맛을 가지고 있으며 음식 값 또한 저렴하여 부담 없이 즐겨먹을 수 있고, 숙취로 인한 속을 풀 수 있는 북한지역 주민들에게는 최고의 맞춤 남한음식이 감자탕, 즉 뼈해장국인 것이다.

북한이 개방되면 많은 사람들이 북한을 방문하게 되고 많은 물자들이 북한에 진출하는 시기에 남한의 대중 음식 중 하나인 뼈다귀 해장국이 북한에 감자탕이 아닌 뼈다귀 해정탕이라는 이름으로 진출하여 전문식당을 운영한다면 북한주민들의 많은 사랑을 받을 수 있을 것이다.

속도전 떡 통조림

요즘에는 편의점을 비롯하여 대형마트 등 식료품을 판매하는 상점에 방문하면 예전 같지 않고 같은 종류의 상품들일지라도 생산하는 회사별로 각사의 물건을 서로 경쟁적으로 앞쪽 자리에 진열해놓고 있으며, 같은 회사에서 생산된 물품일지라도 소비자의 기호에 맞춰 크기가 다른 상품들을 눈에 잘 띌 수 있도록 진열해 놓은 것을 볼 수 있다.

상점에 진열된 물품중에서 다양한 종류와 비교적 많은 수량들이 진열되어 있는 물품은 단연 식품이며 그들 식품들은 진공으로 포장되어있는 식품들이 대부분을 차지하고 있다. 그중에서도 1회용 간편 음식이나 통조림 계통의 식품들 중 별도의 냉동이나 냉장시설에 보관이 필요한 몇몇 식품을 제외하고는 실온에서 진열되어 판매되고 있다.

남북한 간에 왕래가 자유로운 시기가 도래되면 초창기에 일시적으로 북한을 방문하는 수많은 관광객을 비롯하여 북한에 거주하고 있는 친지나 이산가족들의 고향을 방문하는 등 많은 사람들이 북한에서 체류하게 될 것이다.

그들이 북한을 방문하는 동안 많은 사람들의 다양한 입맛과 식성에 맞는 음식을 충분하게 준비할 수 있는 호텔과 식당은 그리 많지 않을 것이라 생각된다. 더더구나 도심지역이 아닌 시골이나 지방지역으로 갈 수록 입맛에 맞는 음식은 물론이거니와 충분한 식사조차도 해결하기 어려울 수 있을 것이다. 이와 같이 방문객과 더불어 이들을 맞이하는 북한주민들도 개방이 즐겁고 행복한 반면 음식준비로 인하여 또 다른 어려운 홍역을 치를 것이 눈에 선하다.

북한을 방문하는 많은 방문객은 물론 북한주민들의 식생활에도 많은 도움을 줄 수 있는 진공포장이나 캔으로 보관되는 다양한 식품들이 북한에서도 남한에서와 같이 많은 수요가 있을 것으로 예상된다. 진공용기에 보관되어 있는 음식들의 별난 맛도 맛이겠지만 그보다 전기시설이나 보관에 따른 별도시설이 많이 필요치 않기 때문이다. 북한지역에는 과거 고난의 행군 시기 직후 허용된 전국의 400여 곳의 장마당 중 현재 북한당국이 허용한 몇몇 상설 장마당 이외에 우리의 5일장과 같은 메뚜기장은 아예 장이 서질 않거나 운영되지 않는다고 한다.

이러한 연유로 지방지역과 시골지역으로 갈수록 상점다운 상점이 많이 없을 뿐 아니라, 현지 주민들이 필요로 하는 간단한 생필품이나 식료품 재료를 충분하게 구비해 놓는 것조차 어려울 수 있고, 그동안 장마당에서의 상거래가 지속되지 않은 상태에서 남북한 간에 개방이 되었다 하더라도 관광객이나 많은 외부인들의 방문에 대비하여 준비된 식료품은 그다지 많지 않을 것이다. 더구나 전력이 수반되어야 하는 냉장고 등에 보관이 필요한 신선식품은 아예 기대하기 조차 어렵기 때문에 유통기한도 길고 보관도 편리한 진공포장 용기에 담겨있는 식료품들의 수요는 가히 대단할 것이라고 생각한다.

진공포장 된 식품 중에서 통조림으로 참치, 고등어, 골뱅이 등 해산물 종류와 과일이나 옥수수 등 육상식품을 비롯하여 뜨거운 물만 부으면 먹을 수 있는 1회용 컵라면, 햇반, 떡국, 국수, 국 종류 그리고 이미 조리 된 음식을 전자레인지에 데워서 먹을 수 있는 덮밥과 같은 다양한 종류의 식품과 이미 조리된 음식을 용기 속에 있는 다른 부속도구를 간단한 조작을 통해 열을 발생시켜 방금 조리된 음식처럼 따뜻하게 먹을 수 있도록 만들어진 간편 식품들은 남한의 생활 속에는 이미 깊이 자리 잡은 지 오래되었다.

1회용을 비롯하여 진공포장과 캔 용기속에 담겨져 있는 간편 식품 등을 생산하는 업체에서는 북한개방에 따른 특수를 감안하여 기존의 다양한 제품들의 추가 생산은 물론 북한주민들이 식사대용으로 즐겨먹는 속도전 떡 등과 같이 북한음식을 즉석에서 만들어 먹을 수 있도록 제작된 캔이나 진공포장 된 상품 등을 비롯하여 북한방문객을 위한 1회용 식품 그리고 북한주민의 입맛과 기호에 맞는 식품과 북한지역의 특성을 살린 식품개발까지도 지금부터 서서히 준비해야 할 것 같다.

식용유가 대세다.

북한의 음식들을 보면 대체로 굽거나 찌거나 삶고, 지지는 음식이 대부분이다. 이런 음식들은 대부분 단백하고 그 음식의 고유한 맛을 그대로 간직한 순수한 맛이 일품이라고 할 수 있다. 반면 남한의 음식은 어떠한가? 북한의 음식처럼 순수하고 담백한 음식도 있는 반면 기름진 음식도 많다. 기름진 음식에서 육류를 직접 직화로 구워먹는 음식을 제외하고는 양념이 많이 들어가는 음식도 있으나, 그중 단연 으뜸이라고 할 수 있는 바삭하고 고소한 튀김류 음식 등이 있다. 튀김류 음식을 몇 가지만 나열한다면 우선 치킨, 어묵, 핫도그 등을 그 예로 들수가 있고 튀김에 버금갈 정도로 기름이 많이 필요로 하는 파전 등의 전류와 빈대떡, 심지어 호떡 등이 있으며, 특히 중국음식은 주로 기름으로 볶거나 튀기는 음식이 많아서 식용유를 많이 필요로 하는 음식들이 대부분이다.

북한지역의 광대한 강가지역에 콩으로 가득하다는 두만강(豆滿江) 지역을 포함하여 밭작물의 작황이 좋은 북한지역은 콩 생산이 특히나 많은 곳이다. 이러한 장점을 지니고서도 음식문화는 기름에 튀기는 음식이 그다지 많지 않다고 할 수 있다. 그 이유는 우선 담백한 음식을 좋아하는 특성을 가지고 있고, 다른 하나는 콩으로 두부나 된장 등 음식이나 그 재료로 사용하는 경우가 대부분일 것이고, 식용유를 이용한 음식들이 많이 발달되지 않았을 것이다.

서울 여의도에 유명한 콩물국수 집이 있다. 그곳 사장님께서 언젠가 하신 말씀이 생각난다. 그 집에서 판매하는 콩물국수는 파주 민통선 근처의 장단 콩을 사용하는데 어느 해에는 그쪽지역의 콩 농사가 흉작이 되어 파주지역의 장단콩 값이 너무 비싸져서 남쪽지역에서 생산되는 다른콩을 사용하여 콩물국수를 만들어서 판매했더니 맛이 예전 같지 않다며 손님들 발길이 많이 줄었다고 한다. 그 후 부터는 아무리 콩 값이 비싸도 장단콩만 사용한다고 하는데 북한지역에서 생산되는 콩 맛이 아주 좋다는 말씀까지도 덧붙였었다.

북한지역에서 많이 생산되는 맛좋은 콩은 두부나 된장 등 주된 음식재료로 사용하고 남쪽지역에서 생산되는 콩은 식용유등으로 제조하여 북한주민들의 식생활을 변화시키는 기회가 조만간 이루어지면 좋겠다는 생각을 해본다. 필자의 소망처럼 북한이 개방되는 시기에는 많은 식재료 유입과 함께 식생활의 변화도 가져올 것이다. 특히 식용유는 그 대표적인 식재료 중 한 가지가 될 것이라고 생각한다.

북한주민들이 콩으로 만든 음식에 익숙하다면 콩으로 만든 식용유를 이용하여 만든 음식 또한 많은 거부감 없이 쉽게 적응할 것으로 생각된다. 특히나 추운 겨울기간이 많은 북한지역 주민들이 즐겨먹는 대표적인 음식이라고 할 수 있는 빈대떡은 기름이 많이 필요로 하는 음식이다. 이런 음식을 즐겨먹는 북한주민들 입맛에 식용유로 조리하는 음식들이 그다지 부정적이지만은 않을 것이다.

남한에서는 식용유를 비롯하여 올리브유, 포도씨유 등 다양한 기름들을 활용하여 음식을 조리하고 있다. 머지않아 북한지역도 각종 식용기름을 이용하여 만든 새로운 북한식 음식의 탄생이 줄을 이을 것이다. 남한의 식용유를 생산하는 기업에서도 북한에 새롭게 펼쳐질 거대한 식용유 시장에 대비하여 지금부터 준비하는 것이 필요할 것이라는 생각이다.

신비한 맛 스팸햄

　필자가 어릴 적에는 학교에 도시락을 준비해가지고 와서 점심시간에 친구들과 도시락 반찬을 서로 나누어 먹거나 바꾸어서 먹곤 했었다. 그중에서도 집안 형편이 좋은 잘 사는 친구들은 계란 프라이 반찬을 싸가지고 오는 경우도 있었지만 그보다 제일 인기가 많은 반찬은 단연 어육과 육류를 혼합하여 가공해서 만든 진주 햄 소시지 반찬이었다. 다른 양념이나 조리를 가미하지 않은 그 상태로 오이반찬처럼 어슷하게 썰어서 도시락 반찬으로 가져올 때면 가장 인기가 많았고 부의 상징처럼 여겼던 반찬 중의 최고봉 이었다.

　반찬 중의 최고봉이라고 할 수 있는 진주 햄 소시지를 능가하는 신비한 맛의 통조림 음식이 새롭게 등장하였다. 이웃집 아저씨의 동생이 월남전에 참전하고 돌아오면서 미군 C-레이션(전투식량)을 선물로 가져온 것이다. 당시에 넉넉하지는 않았지만 어릴적 도심에서 생활했어도 인심만은 시골처럼 넉넉했던 시절이라서 우리집에도 미군 C-레이션을 선물로 보내왔다. 상자를 열어보니 온통 검정색의 영어 글씨로 되어있는 통조림이 있었는데 통조림을 열어보니 짭짤한 맛의 비스킷도 있었고, 조금 느끼한 맛의 땅콩버터 크림도 있었다. 그러나 그중에서도 가장 맛있는 통조림은 스팸 햄 통조림이었다. 처음 먹어본 맛의 기억은 정말 훌륭했었고 신비할 정도였다.

　당시에는 스팸 햄에 대한 지식도 없었고, 통조림 외부에 인쇄되어 있는 글씨는 영어로 되어있어서 감히 읽어볼 엄두도 내보지도 못했다.　스팸 햄 통조림을 시식해 본 가족들끼리 논란이 일기 시작했다. 스팸 햄의 주재료는 소나 돼지고기라는 사람, 소고기나 돼지고기가 이렇게 부드러울 수가 없다. 서양에만 있다는 칠면조로 만든 통조림일 것이다. 라는 두 가지 의견으로 논란이 있었다. 결국에는 목소리가 큰 쪽이 이기게 되었고 필자는 그때부터 스팸 햄 통조림 주재료가 칠면조이고 그 통조림을 칠면조 통조림이라 부르게 되었다.

필자에게 이렇듯 소시지 맛을 능가하고 신비한 맛을 경험케 한 스팸 햄 아니 칠면조 통조림이 북한 지역의 주민들의 입맛을 사로잡았다고 한다. 북한 주민들 중에서도 스팸 햄을 처음 접하였을 때 필자처럼 신비할 정도의 맛을 느꼈을 런지 궁금하다. 그러나 아마도 북한주민들 입맛에는 맛은 좋으나 조금 짜면서 약간은 느끼했을 것만 같았을 것이라는 생각이 들었다. 그 이유는 대부분의 북한주민들이 다양한 가공 육류 제품을 경험해보지 못했을 것이고, 남한지역에 비해 상대적으로 추운 지역이다 보니 저염음식에 익숙해져 있기 때문일 것이다. 그럼에도 불구하고 스팸 햄이 북한 어린이와 젊은이들의 입맛을 사로잡았다고 한다.

스팸은 주재료인 돼지의 어깻살과 뒷다리 살(Shoulder of Pork and ham)을 줄인 말로서 스팸 햄의 주재료인 돼지고기의 어깻살과 뒷다리 살과 돼지고기를 뼈와 분리하면서 발골 시에 나오는 부산물과 돼지기름을 갈아서 가공하여 만든다고 한다. 이에 통조림 햄 제조 업체들이 북한이 개방되는 시기에 진출하여 북쪽지역 사람들의 입맛에 맞는 새로운 제품으로 기름기를 조금 줄이고 개운한 맛을 내거나 아니면 고춧가루를 가미하여 단백함을 높이고 염분을 줄이는 새로운 북한판 제품을 개발하여 생산하면 좋겠다는 생각을 해 본다. 이제 북한주민들의 입맛을 더욱 사로잡을 수 있고 북한시장을 겨냥한 새로운 맛을 지닌 신제품 통조림 햄의 출시가 기대된다.

어묵공장

　필자가 어릴적 살던 집 가까운 곳에 지금의 백화점과 같은 재래시장이 있는데 그곳에 가면 어묵공장이 있었다. 갓 만들어낸 따뜻한 어묵을 사기위해 아침 일찍 어묵공장에 가면 5~6미터 정도 길이의 커다란 직사각형 모양의 기름 탱크가 있었고 그 기름 탱크 안에서는 식용유 기름이 뜨겁게 끓고 있었다. 기름 탱크 위에는 팬벨트가 있었고 팬벨트 위에는 큰 동그란 통이 있었는데 그 동그란 통 안에서 신선한 생선들을 분쇄하고 그 후 밀가루와 여러 가지 양념 등 첨가물이 합하여져 반죽이 되고 있었다. 반죽작업이 완료되면 납작한 형태로 네모나 동그라미 모양의 반죽이 팬벨트 위로 떨어지면 팬벨트가 돌아가면서 그 반죽을 기름 탱크 속에 떨어뜨리게 되고 반죽은 식용기름 탱크 속에서 튀김같이 익혀지며 완전히 익혀진 어묵은 탱크 맨 바깥자리로 밀려오게 된다. 완성된 어묵을 집게로 집어서 기름을 털어내고 기름기가 채 가시지 않은 뜨거운 어묵을 종이봉투에 넣어주면 그 값을 치른 후 집으로 가져오면 그날은 맛있는 반찬을 먹을 수 있는 기분 좋은 날이 되었다. 처음에 어묵을 맛보았을 때 너무나 맛이 좋았고 그 때 그 맛의 추억을 잊지 못하여 지금도 예전처럼 어묵을 맛있게 먹곤 한다.

　북한지역에도 이런 어묵공장들이 많이 생기게 되면 북한 어린이를 비롯한 많은 주민들이 어묵을 구입하여 밥반찬이나 다른 식재료로 많이 활용할 것이다. 남한에서는 흔히 볼 수 있는 분식점에서의 오뎅 역시 추운 겨울날 남녀노소 불문하고 부담 없이 먹을 수 있는 남한의 대표적인 간식으로 자리 잡힌 지 오래 되었다.

남한에서 지금의 어묵이 본격적으로 선을 보인 시기는 아마도 70년대 초쯤인 것 같다. 그전에는 고급스럽게 만든 수제어묵이 식료품 상점에서 소량 생산되어 판매하는 것이 대부분 이었다.

어묵의 본고장이라고 할 수 있는 부산에 본점을 둔 어묵 전문 회사들이 70년이상 전통을 지켜오며 브랜드화 하여 어묵을 전국 주요지역에 판매점을 두고서 어묵의 맛을 선뵈고 있는데 환공어묵과 삼진어묵이 그 중 대표적인 업체라고 할 수 있다.

이런 남한의 대표 식품중의 하나라고 할 수 있는 어묵시장이 북한에 진출을 시도해보면 좋겠다는 생각을 해 본다. 북한주민들 입에도 거부감 없이 충분히 그 맛의 진가를 발휘할 것 같은 식품이다. 식용유 관련 주제 속의 내용에 언급된 바와 같이 북한지역에는 그동안 튀기는 종류의 음식이 많지 않아서 어묵의 진정한 참맛을 아직 경험해 보지 않은 북한주민들이 많이 있을 것 같다.

북한지역의 추운 겨울날 따뜻한 오뎅 한 꼬치와 국물 그리고 도시락이나 식탁에 오르는 어묵반찬 등을 생각하면 북한주민들도 입에 침이 고이게 만드는 식품일 것이라는 생각은 필자의 잘못된 판단이 아닐 것 같다. 북한지역에도 앞으로 많은 어묵공장과 판매점이 속속 입점하기를 기대해 본다.

전병과자와 뻥튀기

1960년대 말에서 1970년대 초까지만 해도 남한에는 제대로 된 제과회사가 거의 없었다. 당시에 롯데, 해태, 오리온 등의 제과회사가 있었으나 소비자들의 관심을 많이 받을 정도로 값이 저렴하거나 상품들이 다양하지 못했다. 그리고 그 시절에는 넉넉하지 않은 경제사정의 문제도 있었지만 생활 주변에 값싸고 푸짐한 전병과자와 곡식이나 명절 때 먹다 남긴 떡으로 뻥튀기해서 먹는 경우가 일반화된 간식이 있었기 때문이다. 게다가 눈깔사탕이나 박하사탕 그리고 울릉도 호박엿이나 대패질해서 파는 생강엿도 한몫을 했었다.

전병과자는 밀가루에 달걀과 설탕 등을 넣어 만든 반죽을 틀에 넣고 구워서 만들거나, 쌀가루를 쪄서 만든 반죽을 넓게 펴서 굽거나 튀겨서 만든 과자 등이 그것이다. 요즘에도 재래시장이나 도로변에 전병 등 수제과자를 트럭에 진열해 놓고 판매하는 이동점포를 가끔씩 볼 수가 있다. 이와 같이 수제과자 상점을 쉽게 볼 수 있는 것은 그만큼 수요가 있어서 시장이 형성되고 있다는 증거라고 할 수 있다.

뻥튀기의 경우는 우리가 밥을 먹기 위해 밥을 짓는 압력밥솥과 같은 원리로 만들어지는데 쌀, 옥수수, 떡 등의 재료를 넣고 열을 가하면 수증기와 함께 연기가 생기게 되는데 그것들을 빠져 나가지 못하도록 가두어 넣고서 열을 가하면 열이 높아짐에 따라서 그 압력이 높아지게 된다. 순간적으로 기계를 열게 되면 내부의 압력은 급격하게 떨어지게 되고, 고압상태인 내부 압력에 의해 용기안의 재료가 부풀어 올라 부피가 커지는 원리로 만들어진다고 한다. 장날에 시장 한곳에서 뿜어내는 연기와 함께 '펑' 하는 소리는 재래시장의 대표적인 볼거리라고 할 수 있으며, 입의 심심함을 달래줄 군것질 거리로 자리 잡은 대표적인 간식거리라고 할 수 있다.

요즘에는 접시형 모양의 뻥튀기 과자를 만들어주는 기능은 물론 지팡이 모양이나 둘둘 말아 타래모양으로 만들어주는 옥수수 과자를 비롯하여 현미나 쌀 등 재료에 따라 다양한 과자를 만들어주는 기능을 갖춘 기계도 시판되고 있다고 한다. 전병과자나 뻥튀기처럼 사람들의 꾸준한 인기가 있는 것은 가공되지 않은 순수한 맛을 간직하고 있는 과자이기 때문인 것 같다.

북한지역에는 전병과 뻥튀기와 비슷한 과자 종류들도 여럿 있겠지만 다양한 기능의 뻥튀기 기계와 파래나 땅콩, 호두 등이 첨가된 여러 종류의 맛을 가진 전병과자가 북한에 진출한다면 가공식품 맛에 아직은 덜 익숙할 북한 주민들의 감흥과 순수한 입맛을 사로잡을 수 있는 맛있는 있는 간식거리가 될 것이다.

짬짜·짜탕·짜볶

예전에는 학교를 졸업하게 되면 졸업식 이후에 먹는 음식이 주로 짜장면이나 잡채밥 같은 중국음식 이었다. 당시에는 졸업식 같은 특별한 경우를 제외하고는 외식하는 것이 쉽지 않았지만 지금은 중국음식 중 짜장면은 남녀노소 부담 없이 즐겨먹을 수 있을 뿐 아니라, 서민물가의 지수중 우리나라에만 있는 짜장면 지수가 있을 정도로 서민들의 대표적인 음식으로 자리매김 되어 있다.

북한의 짜장면 집은 1989년 평양에 개업한 옥류교 짜장면 집을 비롯하여 청춘관, 청류관 등 고급 중국음식점이 성업 중에 있다. 남한의 짜장면은 춘장에 고기와 양파를 비롯하여 여러 가지 야채 등을 식용유에 볶아서 짜짱면 소스를 만드는데 북한의 짜장면은 남한의 것과 비슷해 보이지만 일반식당에서는 춘장에 고기와 야채를 넣고 추가로 된장과 식용유를 조금 넣고 볶아서 소스를 만들고, 일반 가정집에서는 된장에 설탕을 조금 넣고 남한과는 달리 양파는 넣지 않고 야채와 감자를 넣은 후 식용유를 조금 넣고 끓여서 옥수수면이나 국수에 소스를 부어서 비벼서 먹는데 그 맛은 남한의 짜장면 소스와 달리 적은 양의 기름과 된장이 첨가되어서 일종의 강장과도 같은 형태로 남한에 비하여 기름지지 않고 구수한 맛이 특징이라고 한다.

북한의 짜장면을 먹어본 경험이 있는 탈북민들 중 남한 짜장면에 대한 시식 소감은 북한짜장면에 비하여 단맛과 기름진 맛이 많은 편이지만 전반적으로 맛이 좋다는 반응이다. 탈북민들의 입맛에도 맞는 짜장면을 비롯하여 남한의 다양한 종류의 중국 음식들이 북한에 진출하여 기존 북한의 중국 음식들과 자웅을 겨뤄본다면 충분히 승산이 있을 것 같다.

특히 중국음식점에서만 경험할 수 있는 짬짜(짬뽕+짜장면), 짜탕(짜장면 +탕수육), 짜볶(짜장면+볶음밥), 짬볶(짬뽕+볶음밥), 짬짜탕(짬뽕+짜장면+ 탕수육) 등 두 개 또는 세 가지 음식을 하나의 용기에 담아서 동시에 맛볼 수 있는 남한의 복합음식으로 무장하여 북한에 진출한다면 멋진 승부를 기대해 볼만 할 것이다.

남한식 짜장면을 비롯한 중국음식의 맛도 맛이거니와 두 가지 또는 세 가 지 음식을 소량으로 골고루 맛볼 수 있는 메뉴 전략은 북한주민들의 관심을 끌기에는 충분하고도 남음이 있을 것이다.

또한 신 메뉴로 메밀을 주재료로 만든 냉면은 북한주민들이 즐겨 먹는 북 한지역의 대표 음식이라고 할 수 있다. 이런 냉면의 면발에 짜장 소스를 얹 어서 만드는 음식, 즉 호남지방의 일부 메밀국수집에서 판매하는 메밀 짜장 과 같이 밀가루 반죽으로 만든 국수보다는 메밀가루와 옥수수 전분이 섞인 냉면 국수에(면발) 짜짱 소스를 얹어서 판매하는 추가메뉴를 곁들이는 것도 북한 어린이 고객들을 위해서 고려해봄직 하다.

치맥 문화를 북한에

한류 열풍이 벌써 10년 이상 식을 줄 모르고 더욱 확산되고 있다. 싸이의 '강남스타일'등에 이어 요즘에는 BTS(방탄소년단)가 어마어마한 한류 세력으로 전 세계를 강타하고 있다.

과거 2002 한일월드컵 경기 등을 위시하여 2013년에 방영된 국내 TV드라마 〈별에서 온 그대〉에서 여주인공이 "눈 오는 날엔 치맥인데"라는 대사 한마디로 중국인들에게 치맥은 큰 인기를 얻고 있다. 이렇듯 치맥의 문화는 한류열풍의 하나임에는 틀림이 없는 것이다. 이런 치맥 문화가 과연 북한의 젊은 청춘들에게도 통할까? 라는 생각을 해 보았다.

전통적이고 보수적인 북한 사회에도 정치적인 색깔이 없는 음식문화는 충분히 통할 수 있을 것 같다는 생각이 든다. "옛말에 처갓집에서는 백년손님인 사위가 오면 씨암탉을 잡아준다."는 이야기가 있다. 매일 알을 낳는 닭을 사위한테 잡아 준다는 것은 꽹장히 귀한사람에게 재산의 일부와 같은 중요한 음식을 대접한다는 의미가 있다. 또한 닭을 제사상에 올리는 것도 그런 의미일 것이다. 닭은 소나 돼지고기와 같이 일부분의 부위나 덩어리와는 달리 한 마리 즉 온전한 상태로 제사상에 올리거나 백년손님에게 대접하는 그런 귀한 음식의 의미를 가지고 있는 것이다.

과거의 어린 시절을 회상해보면 닭고기는 명절이나 제삿날 또는 어쩌다 생일날에 국이나 삶아서 고기 몇 점 먹어보는 것이 전부였다. 한 마리를 온 채로 통으로 먹는다는 것은 상상하기도 어려운 정도였기 때문에 아마도 시집가서 고생할 딸을 평생 잘 돌봐달라는 청탁의 대가로 사위에게 주는 일종의 뇌물성 음식이라고 할 정도로 한 마리를 먹는 다는 것은 당시 경제상황으로는 정말 어려운 일이었다.

지금 우리는 전화로 주문하면 치킨집에서 통닭을 배달해 주는 그다지 귀하거나 자녀의 인생을 부탁하며 대접할 수 있을 정도로 굉장히 값비싼 음식과는 거리가 멀어진지 오래전의 일이 되었다. 그러나 아직도 북쪽에서는 일부 계층을 제외하고는 닭 한 마리를 통째로 먹는다는 것은 정말로 굉장히 어려운 일일 것이다.

남과 북이 상호왕래가 원활하게 된다면 튀김 음식이 많지 않은 북한지역에 튀김닭으로 승부를 걸어보는 것도 좋을 듯하다.

우선 북한에 진출해서 초창기에 치맥으로 승부를 걸 수 있는 국내 치킨 상품은 아주 제한적이라고 생각한다. 첫째, 국내 치킨 업체의 닭은 통으로 한 마리가 아닌 부위별로 절단해주고 있기 때문에 이런 닭은 먹게 되면 맛도 있고 배는 부를 수 있으나 한 마리, 즉 온 통닭으로 먹었다는 만족도는 떨어지기 때문에 호응도가 낮을 수 있다.

둘째, 국내 치킨업체의 한 마리 분량의 값이 거의 2만 원에 이를 정도이니 비싼 값을 치르고 먹는다는 것이 쉽지 않을 것이다.

따라서 닭을 통째로 튀겨주는 치킨과 가격이 저렴한 통닭을 찾다보니 종로에 본점을 두고 있는'한국통닭'이 북한에 진출해서 치맥 문화를 정착시키기에는 제격이라고 생각되었다.

그 이유는 우선 별도로 간이 필요 없이 염지 처리가 되어있는 생닭 한 마리를 통째로 튀겨서 판매하고 있다. 물론 판매 할 때에 먹기 편리하도록 여러 조각으로 절단해주고 있지만 튀길 때는 통으로 튀겨서 판매하고 있기 때문이다.

다음으로는 3마리에 1만 원, 2마리에 7,000원, 1마리에 4,000원 이라는 아주 경쟁력 있는 값이 장점이다. 물론 2만 원에 가까운 타 업체의 닭과는 닭의 크기나 양적인 면에서는 큰 차이가 있으나 통닭 한 마리를 그것도 통째로 저렴한 가격에 먹을 수 있다는 장점이 국내 어느 치킨업체 상품보다는 만족도 면에서는 훨씬 크다고 할 수 있다.

이와는 별도로 저렴한 가격의 한 마리 치킨으로는 장작 바비큐 치킨을 2마리에 1만 원하는 상품도 있다. 이 장작바비큐 치킨은 값도 저렴하고 한 마리로 판매하기 때문에 경쟁력도 있어 보인다. 그리고 이 바비큐 치킨은 장작의 훈연의 맛이 장점이라고 할 수 있다. 그러나 일부 도심지역을 제외하고는 북한의 전 지역에서는 요리를 할 때 아궁이 등에 나무 장작불을 이용하여 음식을 만들고 있어 훈연의 맛을 담고 있는 음식을 상시로 섭취하고 있기 때문에 장작 바비큐 치킨만의 강점인 훈연의 매력을 크게 느끼지 못할 것이다. 또한 트럭이 북한에 진입했다면 짐을 나르거나 심지어는 사람을 나르는 것이 훨씬 경제적으로 이윤을 많이 낼 수 있음에도 트럭을 세워놓고 그곳에서 닭을 구워서 판매하는 것은 북한주민들에게 반응이 그다지 폭발적이지는 않을 것 같다는 생각이다.

다음은 맥주로 넘어가보자 북한에서도 맥주는 오래전부터 생산되고 있다. 평양맥주 등 4개 종류의 맥주가 생산되고 있는데 그중에서 대표적인 제품은 대동강 맥주라고 할 수 있다. 대동강 맥주는 영국의 맥주회사 설비와 독일에서 가져 온 건조실에서 만든 시설을 이용하여 생산한 맥주인 탓에 맛이 훌륭하다고 한다. 훌륭한 맛만큼 북한 사람들의 대동강 맥주에 대한 사랑과 자존심 또한 대단하다. 따라서 남한에서 생산되는 맥주가 북한 시장에 진출하여 대동강 맥주의 아성을 무너뜨린다는 것은 생각만큼 쉽지 않을 수 있고 많은 시간이 필요하다고 본다.

남한의 치킨과 북한의 맥주가 어우러져 만든 남북한 치맥 문화는 남과북의 장점을 살려서 만든 새로운 시장을 개척 할 수 있는 제품으로 북한 젊은 이들이 치맥에 매료 될 수 있는 충분한 잠재력을 가지고 있는 문화적인 상품이 될 수 있을 것이다. 다만, 한국통닭과 같은 치킨상품이 개인 치킨집 형태로 북한에 진출하여 개별적으로 운영하는 방법은 북한에 치맥 문화를 형성하기에는 다소 어려움이 예상되므로 남북한 개방 초창기에는 체인업체 형태로 진출하는 것이 다소 유리할 것 같다.

키 크는 우유

TV를 포함하여 다양한 언론매체 등을 통해서 가끔씩 비쳐지는 북한주민들의 신장을 보면 대체적으로 남한 주민들에 비해서 상대적으로 작고 왜소하다는 것을 느낄 수 있다. 그러나 불과 얼마 되지 않은 과거시절에 남한주민들의 신장 역시 지금의 북한 주민들과 비슷한 수준이었다.

신장의 차이가 발생한 요인들이 여러 가지가 있겠지만 필자는 그중에서도 우유가 큰 역할을 했을 것 이라고 생각한다. 분유도 마찬가지겠지만 남한 지역 내에 우유가 시중에 대량으로 유통되는 시기는 불과 2~30년 전 정도에 불과하다고 할 수 있다. 그 전에는 학교나 가정집에 배달되는 우유나 목욕탕 등에서 판매하던 병우유가 전부였을 정도였으며, 대부분의 가정에서는 우유를 배달시켜서 먹을 정도로 경제적인 여유가 없었던 시기였기 때문이다.

남한을 비롯하여 경제적으로 어느 정도 안정되어 있는 나라의 상점이나 슈퍼마켓을 방문해 보면 우유 진열대 코너에 다양한 종류의 많은 우유가 진열되어 있는 것을 볼 수가 있다. 그만큼 우유는 주민생활과 밀접한 식품 중 하나로서 그 나라의 경제력을 보여주는 지표와 같은 식품이라고 할 수 있다.

우유는 송아지가 먹고 자라는 주된 식품이기 때문에 다양하고 유용한 많은 영양소가 당연히 포함되어 있다고 한다. 그중에서도 특히 칼슘이 으뜸이라고 한다. 칼슘은 뼈를 튼튼하게 해주고 키도 잘 자라게 하는 주된 성분을 갖고 있기 때문에 키를 크게 하는 간편한 식품 중에서 우유만한 것은 없을 것이다.

북한은 현재 예전의 남한과 같이 우유 공급이나 판로가 쉽지도 않고 신선한 우유를 값싸고 맛있게 먹을 수 있는 여건이나 다양한 상품이 출시되지 않은 상태일 것이다. 따라서 북한주민들에게 우유는 당연히 많이 공급되어야 할 중요하고 꼭 필요한 식품임에도 시급성을 요하거나 일상생활 속에 필수품처럼 자리 잡은 식품이 아직은 아닌 것이다.

남한의 유제품회사들이 남북이 개방되는 시기에 북한에 진출하여 북한주민들의 건강증진과 자사의 매출 증대기여를 위해서는 우선 북한주민들의 입맛에 맞고 보관이나 유통이 유용한 제품으로 진출해야 할 필요성이 있다고 생각한다.

우선 우유를 가공하는 방법은 주로 저온살균, 고온살균, 초고온살균 등 3가지 방법이 있다. 위의 3가지 살균 방법 중 우유의 생산 시기에 따라 유지방과 단백질함량으로 우유의 맛에 차이가 날 수 있는 계절적인 요인은 감안하지 않더라도 유산균 사멸의 차이가 있고, 우유를 많이 먹어본 사람만이 느낄 수 있는 풍미가 다소 부족할지언정 필자는 우유 본연의 맛과 영양소 차이가 크게 훼손되지 않은 살균법인 초고온 살균법을 권하고 싶다.

남북한 개방 초기에 유제품회사에서 북한지역으로 진출시킬 우유를 생산할 때 초고온살균법으로 가공하게 되면 밋밋하고 비린 맛 나는 우유를 비싸게 구입해서 먹는다는 생각을 갖지 않도록 초고온 살균시간을 최대한 길게 조정하여 구수한 맛을 극대화시킴으로 사골국물 같은 맛이 날 정도의 진하고 고소한 맛의 우유를 생산하여 판매한다면 북한주민들의 입맛을 충분히 사로잡을 수 있을 뿐 아니라, 냉장시설의 부족과 원활하지 않은 유통현황 등을 감안 할 때 유통 기간을 다른 살균법보다 장기간으로 가져갈 수 있다는 두 가지 장점을 가지고 있기 때문이다.

남한의 분유는 이미 설명하였듯이 북한지역 엄마들의 구전으로 그 우수성을 인정받고 있기 때문에 진출하는 데 큰 문제는 없을 것이다. 더더구나 분유는 우유에 비하여 유통기간과 보관 상에 커다란 문제가 없는 장점이 있기 때문에 북한전역에서 많은 판매 성과를 쉽게 이룰 수 있을 것이다.

한류를 주도하는 분유시장

여러 언론매체를 통해서 북한의 어린이들과 탁아소 등에서 영양이 부족해 보이는 어린이들의 모습을 가끔씩 볼 수 있었다. 또한 남한을 비롯하여 각국의 여러 나라의 구호단체에서 북한 어린이를 위한 이유식 등을 구호 물자로 보낸다는 내용을 접한 적도 있었다.

어린이는 부모의 희망이자 나라의 미래이다. 이런 어린이들의 주된 식량이자 영양공급원이라고 할 수 있는 분유시장을 눈여겨 볼 필요가 있다.

북한에서 거의 대부분의 생필품을 수입하여 사용하는 중국에서 몇 년 전가짜 분유사건이 발생하였다. 또한 북한에서 여성들도 대부분 직장이나 각자 나름의 일터에서 많은 시간 동안 생활을 하기 때문에 적정한 시기에 수유를 한다는 것은 그리 쉬운 일이 아닐 것이다. 더더구나 모유를 먹일 때 충분한 영양식을 섭취한 어머니가 얼마나 많은지도 의문시 되는 부분이다. 위와 같은 내용으로 볼 때 북한 어린이들에게 충분한 수유나 모유가 공급되지 않을 것이라는 생각을 지울 수가 없다.

예전에 북한지역의 고구려 민족들은 기골이 장대하다고 했는데 정확하게 현재와 비교할 수는 없지만 오래전 고구려인보다 체구가 같거나 더 커졌을 수도 있는데 지금은 상대적으로 신체가 작아졌다는 느낌이 든다. 몇해 전 어느 학자분의 "북한사회 신체 왜소에 관한 연구" 라는 논문을 접한 적이 있었다. 그 논문의 핵심적인 내용은 북한 주민들이 식생활 때문에 신체가 작아진 것이 아니라 다른 원인에 의해서라는 것이 핵심적인 내용이었다.

북한주민들의 작은 신체가 그 논문 내용에 근거하거나 아니면 충분하지 못한 식생활에 의해서라고 하더라도 북한 어린들의 이유식과 분유는 또 다른 문제라고 생각된다.

남한에서는 예전부터 남양 분유와 매일분유 등을 비롯해서 산양 젖 성분이 들어있는 기능성 분유 등 다양한 제품들이 남한 내 유아들의 식생활과 영양공급을 책임지고 있었다. 이렇듯 다양한 분유제품을 비롯하여 이유식을 생산하고 있는 관련 업계에서는 새로운 한류문화 창조와 더불어 북한시장을 비롯한 전 세계 시장을 겨냥한 새로운 마케팅 전략과 상품개발이 필요한 시기라고 생각한다.

우수한 품질의 분유와 이유식이 이제는 남한에 이어 북한 그리고 전세계 시장을 석권하는 멋진 꿈과 희망을 가져보았으면 좋겠다는 생각을 해보았다.

"BTC(방탄소년단)도 우리의 분유와 이유식을 먹고 자라서 이렇게 멋진 가수가 되었습니다.!!!" 이런 광고 멘트가 한번쯤 나와 봄직한 시기가 되었다는 생각이 든다.

치맥에 버금가는 새로운 분이(분유와 이유식) 시대 그 한류시장이 이제 막 문을 열기시작 할 것만 같다.

핫도그와 샌드위치

한류식품으로는 아직 진입하지는 못했지만 남한의 대표적인 길거리 음식을 조금 더 소개해보고자 한다.

길거리에서 판매하는 간식거리 중 핫도그와 샌드위치를 소개하고 싶다. 우선 핫도그를 보면 예전 필자가 어렸을 적에는 핫도그 안에 있는 소시지가 햄 소시지가 아닌 일반 소시지였고, 소시지도 반지 두께 정도 소량의 소시지가 있었다. 소시지 겉면에 밀가루 반죽을 입혀서 기름에 튀겨내고 다시 반죽을 덮혀서 튀기는 과정을 서너 번 반복하면 어린이 주먹크기 만한 핫도그가 탄생하게 된다. 그것을 배고픈 학창시절에 튀김빵 안에 들어있는 소시지를 마지막에 맛있게 먹으려고 조심스럽게 빵을 돌려가며 먹었던 기억이 새롭다.

요즘에는 큼직한 햄 소시지에 밀가루 반죽과 튀김옷을 입혀서 기름에 튀긴 후 판매하는 것으로 변화되었는데 예전에 비하면 굉장히 맛좋은 간식거리이며, 판매하는 금액에 비하여 가성비가 그런대로 괜찮은 음식인 것 같다. 지역이나 상점마다 다르겠지만 거리에서는 대개 1,000원 정도에 그런 훌륭한 맛을 선사받는다는 것은 너무나 감사한 가격이다.

현재 북한의 일부지역에서 핫도그를 2달러 정도 가격에 판매하고 있다고 한다. 북쪽에서의 핫도그 가격으로 아직까지는 비싸고 생소한 음식임에는 틀림이 없다. 그러나 향후에 남한에서 1,000원에 판매하는 햄 소시지를 크기를 조절하고 밀가루 반죽 튀김옷의 크기를 키워서 남한의 반액 정도의 저렴한 가격으로 진출한다면 기름에 튀긴 음식이 많지 않은 북한지역 길거리 음식으로 햄 소시지 핫도그를 선뵈어도 충분히 성공적일 것이라는 생각이다.

두 번째 길거리 음식으로 샌드위치를 권하고 싶다. 식빵을 버터에 구워서 야채를 넣은 계란 프라이에 토마토케첩과 설탕을 뿌려서 냅킨이나 종이컵에 싸주는 샌드위치는 한 끼 식사대용으로는 충분한 간식이라고 할 수 있다. 필자도 예전에 식사나 간식으로 가끔씩 먹던 음식이기도 하다. 햄버거는 시간이나 가격 면에서 조금 부담스러운 반면, 간편하고 저렴하게 먹을 수 있는 샌드위치가 지금 몽골에서도 대인기라고 한다. 추운날씨에 따뜻한 야채가 들어있는 계란 프라이와 함께 만들어주는 샌드위치는 춥고 허기진 배를 위로해주기에 충분한 음식이기 때문이다. 몽골과 같이 추운지방인 북한에서도 간편하고 따뜻하게 먹을 수 있는 남한식 샌드위치와 햄 소시지가 들어있는 핫도그는 길거리 음식으로 내놓아도 충분한 인기가 있을 것이다.

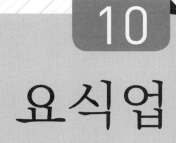

10

요식업

• 쇠고기는 후순위

쇠고기는 후순위

1986년 아시안게임, 1988년 서울 올림픽 이후 남한에서는 급속도로 식생활 문화가 발달하게 되었고, 특히 육류 소비량이 급증하였다. 1990년대 고기뷔페 식당이 하나둘 생겨나면서 성업을 이루었다. 당시 고기뷔페 식당 1인당 요금이 5,000원 정도였다. 물론 값비싼 쇠고기는 거의 없고 돼지고기, 닭고기, 오리고기, 소시지 등이 주류를 이루었지만 육류를 마음껏 섭취할 수 있다는 풍족감에 많은 사람들이 이용했었다. 최근에는 쇠고기, 돼지고기 및 씨푸드 전문뷔페 식당 등이 경쟁적으로 생겨나게 되었고 나름대로의 맛집 홍보를 통하여 영업 활동을 하고 있다.

남북한 간 교류가 활성화되면 북한지역에도 식생활에 많은 변화가 예상된다. 특히 그동안 많이 섭취하지 못했던 육류의 소비가 급증할 것이다. 그중에 고기뷔페 식당을 오픈하게 된다면 아마도 다른 업종에 비하여 영업이 굉장히 잘 될 수 있을 것으로 예상된다. 그런데 북한 주민들에게는 값비싼 쇠고기는 아직도 익숙하지 않은 육류이기 때문에 쇠고기보다는 돼지고기, 닭고기, 양고기, 오리고기, 토끼고기가 더 익숙할 것이다.

북한에서 소는 농사를 짓는 중요한 수단이기 때문에 쇠고기는 평양 등 일부 계층을 제외하고는 일반주민들은 쉽게 먹어보지 못했을 것이다. 만일 맛을 보았어도 소가 늙거나 병들어 사망한 경우 운 좋게 먹을 기회가 있는데 고기가 너무 질겨서 쇠고기에 대한 감흥이 그다지 우호적이지 않을 것이다.

북한에 진출할 남한의 고기뷔페 영업주 분들께서는 어쩌면 다행스러운 일이기도 하겠지만 향후에는 고기뷔페 식당을 통해서 쇠고기의 맛을 새롭게 배울 수 있을 것이라고 생각한다. 초창기에는 북한 주민들이 즐겨먹는 돼지고기, 오리고기, 닭고기 그리고 토끼고기, 양고기와 소시지 정도면 최상일 것 같다. 쇠고기는 최소한으로 준비하여 비치하다가 점차 그 양을 늘리는 영업 전략을 가져가는 것이 좋을 것 같다는 생각이다.

씨푸드 전문식당에서 파는 해산물은 북한주민들에게 다소 생소할 수 있다. 따라서 해산물 식당은 평양을 비롯한 바닷가 인근지역에서는 인기가 있을 것이다. 북한에서 해산물 요리의 예를 든다면 남한에서는 해산물 식자재에 따라서 그 값이 정해지는데 북한에서는 조개구이를 멍석 같은 곳에 조개를 일렬로 놓고 그 위에 휘발유를 붓고 그곳에 불을 붙이면 휘발성이 강한 휘발유가 불에 타면서 조개가 급속도로 익혀지는데 그 조개구이 값은 상당히 비싼 값을 받고 판매한다고 한다. 그 이유인즉 조개 식자재 값도 값이지만 조리하는데 사용된 비싼 휘발유를 이용해서 조리하기 때문에 조개구이 값이 비싼 이유라는 것이다. 남한과 북한의 조리법은 서로 다르기도 하지만 북한의 경우 지역별로 다양한 해산물을 먹어본 경험차가 많기 때문이다. 따라서 해산물 전문 식당은 점진적으로 진출하여 그 영역을 확대하는 것이 좋을 것 같다.

11

유통

- 평양을 공략하라

평양을 공략하라

북한은 현재 법적으로 거주이전의 자유가 없는 것으로 되어있다. 향후 남북한 간의 자유로운 왕래와 통일이후 시기에는 거주이전이 자유롭겠지만 일정 시기까지 북쪽에는 현재처럼 거주이전이 쉽지 않을 수 있다.

현재를 기준으로 가정한다면 북한의 평양 구역에 거주하는 사람은 일정요건을 갖추어서 관계기관에 허락을 받으면 평양 외 지역에 그다지 어렵지 않게 방문할 수가 있다. 그러나 반대로 평양 외의 지역에 거주하는 주민은 평양을 방문하는 것은 꽹장히 어려운 일이다. 평양에는 공식적으로 특별한 사유가 있거나 평양에 거주하는 친인척의 경조사 발생 등과 그에 준하는 사유 이외에는 평양을 방문할 수 없도록 되어있다. 그래서 심지어는 평양방문이 가능한 평양출장(려행) 증명서도 일반근로자의 월급의 10여 배에 달하는 많은 돈을 주고서 뒷거래를 통하여 발급 받는다는 이야기가 나올 정도이다. 그만큼 북한 속의 또 다른 세상이 평양이라는 곳이다.

이곳 평양에 소형가전 제품이나 다양한 생활용품 등을 집중시켜서 평양에 거주하는 주민들의 생필품으로도 판매하고 평양에 거주하는 주민들과 평양에 방문하는 다른 지역 주민들을 통해서 가전제품을 비롯하여 다양한 생필품을 북한의 전 지역에 판매할 수 있도록 판매나 이동 여건이 다른 지역에 비해서 월등히 좋은 평양을 상품판매 전략기지로 정하여 다양한 상품들을 평양에 집중 시키는 전략을 구사해 보면 좋을 것 같다.

과거 남한에서는 공산품을 비롯하여 여러 가지 생필품 등이 귀했던 시절에 미군부대에서 흘러나온 물품을 보따리에 싸가지고서 아는 집을 방문하면서 판매하던 가칭 '미제아줌마'들을 연상케도 하고, 지금은 이런 판매망이나 조직이 거의 없어졌지만 90년대 초반에만 해도 국내 유명 가전제품 회사에서 팩터링 즉 할부로 가전제품을 판매하고 일정수수료를 받는 가전제품 회사 소속 판매사원들이 있었다. 아마도 지금의 보험 상품을 판매하는 보험설계사의 판매형태를 가지고 있지만 판매상품이 단지 보험 상품이 아닌 가전제품 판매 영업을 하는 방식이라고 생각하면 이해하기가 쉬울 것이다. 이와 같은 판매방식으로 가전제품을 판매하던 가전회사의 사원들이 있었다.

당시에 대부분의 가정에서는 경제 여건상 가전제품을 목돈으로 구입하기도 어려웠고, 지금처럼 카드를 이용하여 할부로 구입할 수 있는 제도가 없었던 시절에 할부금을 잘 받을 수 있도록 채권관리의 몫까지도 담당하였고, 심지어는 가전제품을 구입하면서도 구매자의 신용에 따라서 보증인을 세워서 할부로 물품을 구입하던 시절이 있었다.

이런 형태의 판매방식은 당시에 할부 판매 방식이 주류를 이루던 시절에 가전제품 회사에서는 자사의 제품판매를 촉진하는 주요한 판매방식 중의 하나였다. 이와 같이 평양을 거점으로 할부나 인적 네크워크를 통하여 평양을 비롯한 다른 지역으로 확산하는 영업방식은 북한 진출이 가능한 초창기에 도입해볼만 한 판매 전략이라는 생각이다.

12

영 업

- 국가경제에 기여하는 고물상
- 기분 좋은 사행성 사업
- 노다지 캐는 중고자동차
- 북한주택의 기존목재를 재활용하라
- 사춘기를 극복하는 팬시 전문점
- 자판기 사업의 부활
- 초코파이 마케팅
- 패션 1번지 평양
- 24시간 편의점

평 양 상 인 경 성 탐 방 기

국가경제에 기여하는 고물상

　필자는 서울에서 명소 중에 하나라고 할 수 있는 서울풍물시장이 있는 황학동 벼룩시장을 가끔씩 방문하곤 하였다. 그곳에서 필요한 물건을 구입하기보다는 어린 시절에 사용했거나 볼 수 있었던 물건들을 구경하며 옛 추억을 회상하는 재미를 즐기기 위함이다. 그러나 최근에는 추억을 되살리고 싶은 생각보다는 본 저서를 집필하기 위해 여러 가지 다양한 물품들을 보면서 아이디어를 얻고자 특별히 자주 방문하였다.

　남한에서는 중고 물품을 매매하는 곳을 크게 두 가지 분야로 구분 할 수 있는데 사용하지 못할 폐지나 폐기물에 가까울 정도의 물품들을 수집해서 오는 사람들로부터 이를 매입하거나 판매를 하는 고물상과, 벼룩이 들끓을 정도의 온갖 오래된 중고품을 비롯하여 골동품 등을 사고판다는 의미에서 생긴 벼룩시장으로 구분할 수 있다. 그밖에 인터넷을 통하여 중고물품 등을 사고 파는 인터넷 중고시장과 명품 물품 등을 판매하는 업체까지 다양한 중고 상품 거래장터 등이 있다.

　남한의 고물상은 주로 폐지를 비롯하여 사용하지 않거나 사용할 수 없어서 폐기처분해야 하는 물품 등이 고물상에 모여지게 되면 재생 업체에서 고물들을 수거해가는 구조이지만 반대로 북한의 경우 많은 물품들을 재활용하거나 수리 등을 통하여 재사용하고 있으므로 고물 수매원(수집원)이 폐기 물품들을 고물상으로 가져오는 일은 그다지 많지 않을 것이다. 그러나 이들 수집원들이 주로 수집해서 고물상에 판매하는 물품들은 골동품에 가까울 정도로 아주 오래된 생활용품 등을 수집하여 가져오는 경우가 대부분일 것이다.

결과적으로 남한지역에서는 넘쳐날 정도로 고물상에 집중되는 물품은 북한지역에서는 아주 흔치않을 것이고 반대로 북한지역에서 많은 양이 수집되는 고물은 남한지역에서 앤티크 제품 등으로 거래되는 종류의 물품이 많을 것이다.

이와 같은 다양한 중고물품을 거래하는 업체나 개인 사업자들이 북한지역에 진출하여 중고물품 매매전문 업체를 운영하게 된다면 남북한 지역에서 서로 사용하지 않거나 폐기처분하는 물품을 상호 교환하여 사용하거나 남한과 북한지역에 있는 여러 고물상으로 수집되는 물품 등을 선별하여 상호 교차판매 하는 사업을 한다면 어느 한쪽이 아닌 남과 북의 양쪽지역에서 국가경제적으로 많은 기여를 함은 물론 환경 분야의 측면에서도 매우 바람직한 현상이라고 할 수 있으며, 사업적으로도 훌륭한 성과를 가져올 것이다.

기분 좋은 사행성 사업

　남한에 아주 오래전에 블루칩이라는 가맹점이 있었다. 블루칩에 가입한 상점은 상점 출입문이나 간판 옆에 블루칩 가맹점이라는 표시나 스티커를 부착해 놓고 블루칩 가맹점이라고 고객들에게 알리며 영업을 하였다. 고객들은 블루칩 가맹점에서 물건을 구입하면 일정금액에 따라 작은 우표모양의 블루칩 스티커를 주었다. 예를 들면 매1천원 마다 한 장이라면 1만원어치 물건을 구입하게 되면 10장의 블루칩스티커를 주었다. 그 블루칩스티커를 1장당 1원으로 환산하여 일정금액이 되면 블루칩 회사 대리점에 방문하면 다양한 물품들이 비치되어 있는데 블루칩에 해당하는 금액의 상품과 그동안 모아둔 블루칩 스티커로 교환해 올 수 있었다.

　지금의 마일리지와 비슷한 제도였는데 1970년 초 당시에는 많은 상점들이 블루칩 가맹점으로 등록하였다. 당시에 좀 더 많은 물품을 판매하거나 매출을 높이기 위한 판촉수단이었던 것이다. 북한의 개방초기에는 남한에 비하여 많은 시스템들이 구축되지 않았을 뿐 아니라, 여러 가지 다양한 서비스 제도가 구축되어 있어도 주민들이 이를 이용하기에는 아마도 경험이나 홍보가 충분하지 않을 것이다.

　남북 통합 초창기에 현재 남한에서와 같이 마일리지를 적립하는 제도를 북한에 적용하는 것은 그 활용도가 높지 않을 수 있으므로 적절한 판촉방법이 아닌 것이다. 따라서 각 상점들의 매출 증대를 위해서 과거의 블루칩 형태의 마일리지 가맹점이나 일정이상 금액의 상품을 구입할 경우 해당 상점은 즉석에서 경품을 제공하는 뽑기 등 약간의 사행성이 있는 서비스를 제공하는 제도, 즉 기분 좋은 사행성 사업이 진출한다면 근검절약에 익숙한 북한 주민들의 호주머니나 지갑을 좀 더 쉽게 열게 하는 영업촉진 방안이 될 수 있을 것이다.

블루칩과 같은 사업이 북한에 진출하여 가맹점을 많이 확보한다면 블루칩 운영업체는 블루칩 스티커와 교환 할 수 있는 상품들을 북한주민들이 특별히 많이 선호하는 전자제품과 식품위주의 상품으로 다양하게 구성하여 진열하고 만일, 준비된 물품이 아닌 그 이외의 특정 상품으로 교환을 원하는 경우는 희망하는 장소로 배송해주는 등의 서비스를 제공한다면, 블루칩에 가입한 가맹점은 다른 상점에 비하여 상대적으로 매출이 높아질 것이다.

블루칩 운영 업체는 선금을 받고 스티커를 제공하고 자금을 효율적으로 운영하여 금융기관 등에서 예치된 금액에 대한 이자를 통하여 일정부분 수익을 보장받거나 물건은 할부나 대량구입을 통해서 저렴하게 구입한 후, 소비자에게 일정금액(정가)으로 제공한다면, 물건구입 금액과 회수하는 블루칩 스티커 금액의 차이에서 발생되는 일정수익을 충분히 보장받을 수 있는 사업이될 것이다.

가맹점을 대상으로는 다양한 뽑기 등과 같은 상품을 저렴한 가격에 대량으로 구입하여 가맹점에 판매함으로 추가적인 수익을 창출할 수 있는 기분 좋은 사행성 산업이라고 할 수 있다. 블루칩 가맹점 확보와 가맹점에 뽑기 등 상품을 판매하는 것이 사업의 성공여부를 결정하는 가장 중요한 일이므로 현지 북한주민들을 영업사원으로 채용하여 가맹점을 확보한다면 많은 성과가 있을 것이다. 북한 진출 초창기에 도전해 볼 만한 사업 중 하나라고 볼 수 있을 것이다.

노다지 캐는 중고자동차

서울에는 국내 최초로 조성된 중고 자동차 매매시장이 있다. 장한평 중고 자동차 매매시장이 바로 그곳이다. 그곳을 자동차로 지나가다 보면 자동차 매매 영업사원들이 좋은 자동차가 있다며 서로 자기의 중개업체가 있는 방향으로 자동차를 안내하려고 한다. 예전에는 이곳 이외에는 중고 자동차 매매시장이 없어서 지방에서도 자동차를 매매하기 위해서 직접 차를 가져오거나 방문해야만 했다. 지금은 서울에도 5여 개 이상 크고 작은 중고자동차 매매시장이 영업 중에 있고 각 지역마다 중고자동차 시장들이 활발한 영업을 하고 있다. 그리고 이런 상설시장을 거치지 않고 개인이나 중소 업체에서 인터넷을 통하여 매매를 하는 경우까지 영업방법이 다양화 되었다.

중고 자동차 시장의 맏형 격이라고 할 수 있는 장한평 자동차 매매시장은 과거 독보적인 시장의 위상과는 거리가 많이 멀어져 있을 뿐 아니라, 장한평 중고자동차 매매시장을 국내 금융기관들이 도심재생 사업의 일환으로 재개발 사업 투자대상지역으로 검토한다는 소문이 거론될 정도여서 영업이 예전 같지만은 않은 것 같다. 그 이유는 현재 여러 지방도시를 포함하여 다양한 형태의 판매방법으로 중고 자동차 매매 영업이 이루어지고 있기 때문이다.

북한에서 중고 자동차를 중국으로부터 들여와 판매를 했던 경험이 있는 탈북민은 필자와 사석에서 나누는 대화 중 향후 통일이 되면 제일 먼저 중고 자동차를 가지고 북한지역으로 들어가겠다는 이야기를 자주 했었다. 그가 말하는 중고 승용차 이외에 트럭을 포함하여 산업용 중장비와 트랙터나 경운기와 같은 농기계 등을 비롯하여 소형 오토바이에 이르기까지 국내 중고

시장에 넘쳐나고 있는 중고 자동차 등을 북한지역으로 이동시켜 새롭게 중고 자동차매매 시장을 오픈한다면 그가 말하는 내용처럼 소위 노다지를 캐는 사업이 될 가능성이 높다. 북한지역에는 아직까지도 자동차를 구입하는 것은 많은 금액이 필요로 하기 때문에 굉장히 어려운 일이고 더더구나 신차를 구입하는 것은 더욱 힘든 일이기 때문일 것이다.

북한에는 공식적으로 영업을 하는 전당포가 있는데 전당포에서 저당해 주는 최우선 순위의 물품 중에는 오토바이가 포함된다고 한다. 아직까지는 자동차를 저당 잡히는 사례는 없거나 많지 않아서도 그렇겠지만 북한지역에서는 오토바이 값 또한 비싸고 구하기 힘든 물품중 하나라는 반증인 셈이다.

장한평 중고 자동차 매매시장을 비롯하여 국내 많은 중고자동차 시장에 매매 대기 중인 중고자동차를 비롯하여 심지어 거의 신차에 가까운 차량에 이르기까지 중고자동차시장에 매물로 많이 나와 있지만 시장 상황은 예전 같지는 않은 듯하다. 이렇듯 중고차에 대한 수요가 많은 북한지역에 남한의 넘쳐나는 중고자동차를 북한지역으로 이동시켜 중고자동차 매매시장을 개점한다면 예전 국내유일의 장한평 중고 자동차 매매시장과 같은 위상에 버금갈 정도의 독보적인 영업결과를 기대해볼 수 있을 것이다.

북한주택의 기존목재를 재활용하라

북한이 개방되면 운송에 필요한 도로, 철도, 항만 등과 관련된 공사가 많이 이루어질 전망이다. 그리고 오래된 노후주택이 많은 북한의 전 지역에서도 주택을 신축하는 공사와 함께 노후주택의 보수공사들도 이루어질 것이다. 이렇듯 많은 공사들이 이루어지는 가운데 북한의 주택은 목조로 지어진 한옥 형태의 주택이 대부분으로 기존 노후 한옥주택을 헐어내고 그 대지 위에 아파트 등으로 신축을 하는 경우에 노후주택을 철거할 때 배출되어 나오는 목재들은 대부분 폐자재나 땔감 등으로 사용되어 없어질 것이다.

최근 외국에서는 오래된 주택에서 버려지는 목재를 사들여서 재활용하는데 최근에 새로 생산된 목재보다 비싼 값에 거래가 된다는 내용의 방송을 본적이 있다. 노후 건물에서 분리된 오래된 목재가 더 비싼 이유는 건축물에 사용된 나무는 오랜 시간 동안 햇빛이나 비바람 등의 외부영향을 견디어내고 환경에 충분히 익숙해져서 더 이상 뒤틀림이나 파손의 염려가 없기 때문이라고 한다. 세월에 대한 계산 값과 자원의 소중함을 더하여 재활용하는 지혜를 실천하는 중요한 일이라는 생각이 들었다.

북한지역의 주택을 철거할 때 나오는 커다란 목재는 별도로 수거하여 다른 건축물을 지을 때 재활용하면 좋을 것 같다. 고풍스러운 한옥을 지을 때 다른 곳의 오래된 한옥을 분해하여 원래의 형태 그대로 다시 재조립해서 집을 짓는 경우도 있다고 하는데 아무리 기술이 발달하였다 하더라도 세월을 넘나들며 훌륭한 건축자재를 만들 수는 없는 일이기 때문에 북한지역에서 수거된 오래된 자재를 재활용하는 것은 매우 중요한 일이라는 생각이다.

오랜 시간동안 춥고 더운 날씨와 눈과 비바람을 이겨낸 목재는 정말로 귀한 건축자재로서 충분한 자격이 있기 때문이다. 그런 훌륭한 목재들을 수거해서 고풍스러운 주택은 물론 일반 건축물에도 사용해도 별다른 손색없이 유용하게 사용되어질 것이다.

　　북한 개방 후 오래된 가옥을 헐어낼 때 나오는 재활용이 가능한 목재를 수집하고 재가공하여 판매하는 일은 한시적이나마 특수를 누릴 수 있는 좋은 사업이 될 것이다.

사춘기를 극복하는 팬시 전문점

필자가 학생이었던 시절을 돌이켜보면 학생들이 주로 이용하는 문구점에서 판매하는 상품은 학습에 필요한 공책을 비롯하여 필기구 등의 문구류와 학용품이 대부분이었다. 그 후 학교 인근 지역이 아닌 대도심 주변상가 지역에 어느 시점부터 고급스러운 문구류들이 진열된 팬시점이 등장하게 되었다. 기존 문구류와 같이 단순한 모양이나 색상과는 달리 새로 탄생한 팬시점에는 각양각색의 디자인이나 그림이 들어있는 고급지고 화려한 물품들로 가득했다. 사춘기 시절을 겪으며 유행이나 외모 등에 민감한 청소년들이 팬시점의 주요 고객이 되는 것은 당연한 현상이었다.

흰 종이에 단순하게 검은색 줄로 인쇄되어 있던 편지지는 크게 화려하지는 않지만 고운 색상에 동물이나 예쁜 그림이 인쇄되어 있는 편지지로 바뀌어져 있고 편리하게 글을 쓸 수 있는 기능이 추가된 샤프연필과 메모지 그리고 편지 봉투 등등 새로운 제품들은 청소년들의 감성을 자극하기에 충분하여 학생들의 발길이 끊이지 않았으며, 당장 필요하지 않음에도 단순히 예쁘다는 이유만으로 물품을 구입하는 경우가 있을 정도로 인기가 많았다. 당시에 교복세대들의 규정화되고 틀에 박힌 듯 통제받던 청춘들이 어른들로부터 비난 받지 않고 탈선이 아닌 탈출구로서의 장소가 되어준 곳이 바로 팬시점이었던 것 같다.

북한에서도 남한에서와 같이 자녀 교육이나 자녀에 대한 사랑은 매우 열성적이라고 한다. 이런 환경 속에 북한이 개방되면 개방에 대한 주체나 수혜자는 성인 등의 어른으로 국한되지는 않을 것이다. 어쩌면 어린 아동을 비롯하여 청소년들이 개방이나 통일에 대한 수혜나 영향을 더 많이 받게 될 수 있을 런지도 모르는 일이다. 북한의 청소년들 역시 정형화된 규정과 관습 속에서 생활하면서도 그들 나름대로의 사춘기를 극복하고 이겨내는 탈출구가 있을 것이다. 북한의 보수적인 부모들 정서에도 크게 어긋나지 않으며, 북한의 청소년을 주요 고객으로 하는 팬시점을 오픈해 보면 좋겠다는 생각이다.

필자가 은행에 근무하면서 입버릇처럼 하는 이야기가 있었다. 그것은 "부모의 주머니는 말라도 자식들 주머니는 마르지 않는다. 만일 자녀들 주머니가 마르게 되면 정말로 큰 불황인 것이다."라며 경제논리를 빗대어 인용했었던 이야기지만 부모님들의 자식에 대한 사랑이 매우 크다는 점을 강조한 내용이기도 하다. 자식에게 쏟는 사랑은 남과 북을 비롯하여 전 세계 모든 부모들이 가지고 있는 공통적인 유전자 일 것이다. 이러한 이유로 북한에서 팬시점 영업 전망은 매우 밝다고 생각한다.

북한 청소년들에게 사춘기 시절의 풋풋한 설렘을 느껴볼 수 있는 문구류 등을 판매하는 팬시점은 그 상업적인 목적을 떠나 급작스러운 개방의 물결에 혼란해하거나 흔들리지 않도록 정서적인 안정을 취할 수 있는 중간휴게소와 같은 역할을 해 줄 수 있을 것이다.

자판기 사업의 부활

남한은 과거에 자판기 사업들이 아주 활발했다가 지금은 거의 자취를 감추고 있다. 자판기의 대명사라고 할 수 있는 자판기 믹스커피가 최근에는 원두에서 직접 추출한 커피원액으로 만드는 아메리카노와 같은 커피로 소비자들의 선호도가 바뀌었고 자판기 주변에서 커피와 함께했던 흡연이 최근에는 금연구역 확대라는 두 가지의 주된 이유로 자판기 사업 쇠퇴를 더욱 가속화하게 한 것 같다.

북한은 모든 상점(매대)마다 판매원들이 물건을 판매하고 있다. 최근에는 시원한 과즙을 넣은 단물 생과일 주스 등 여름 음료도 판매하기 시작했다. 청량음료나 과일주스 등의 시장이 이제 막 본격적으로 북한에서도 첫발을 내딛기 시작하였다.

남북교류 시작으로 북한 지역에 많은 사람과 물자들이 들어갈 때 현재의 북한상점 숫자와 운영방법으로는 북한을 찾는 많은 방문객들을 충분하게 응대하기에는 다소 역부족일 뿐 아니라, 북한개방 초창기에 주민편의 시설을 비롯 공공분야 등 기타 시급성이 있는 다른 분야의 건설에 주력해야할 시점에 상품판매대 설치가 최우선시 되기에는 쉽지 않을 것이다.

도심의 상점 주변을 비롯하여 관광객이나 일반인들이 쉽게 접할 수 있는 장소에 각종 음료 자판기와 역전이나 지하철역 그리고 버스정류장 주변에 커피 자판기 설치도 적극적으로 고려해 봄직하다. 많은 사람들이 왕래가 있는 곳에 음료수 자판기는 물론 도심 곳곳과 관광지 주변에 생수자판기도 필수적으로 필요할 것이다. 간단한 물품 등을 판매하는 편의점 등의 판매소가 도심을 조금만 벗어나면 생각만큼 많지 않기 때문에 사람들이 필요로 하는 생수 등을 손쉽게 구할 수 있는 자판기 설치는 필수적이라고 할 수 있다.

자판기를 이용하여 물품을 판매하는 자판기 사업은 첫째로 전력이 지원되어야 하는데 전력지원이 되지 않는다면 자판기 사업은 현실적으로 불가능하다고 할 수 있다. 다행스러운 것은 자판기는 많은 전력이 필요하지 않고 자판기 판매 시점에 전력이 다소 필요하므로 생수 등 기본적인 음료 종류는 냉장은 어렵더라도 보관과 판매 정도의 기능만 수행할 수 있는 자판기로 운영한다고 가정하여 자판기 상단이나 측면 그리고 뒷면에 소형 태양광 집광판을 설치하여 전력을 생산한 후 생산된 자체 전력으로 물품을 판매하는 자판기를 개발하여 설치하고, 향후 전력이 충분히 지원되는 시점과 전력공급이 원활한 장소에는 커피나 시원한 음료 자판기를 비롯하여 공공시설 화장실 앞에 화장실용품 자판기 등도 설치한다면 과거 남한의 자판기 사업이 활성화 되던 시절의 호황을 다시 한번 누려볼 수 있을 것이다.

북한의 도심지를 제외한 지방의 시골지역에 있는 옛 문화재 등이 있는 관광지와 도로 중간에는 상점 등의 편의 시설이나 휴게소 등이 충분하게 설치되어 있지 않음으로 이런 지역을 중심으로 자판기를 중점적으로 설치한다면 기대 이상의 성과를 얻을 수 있을 것이다.

초코파이 마케팅

최근에 시판되는 자동차는 운전석의 좌석을 처음에 세팅을 하고 나서 시동을 끄면 좌석이 기본 형태로 되돌아가고 시동을 켜면 내 몸의 사이즈에 맞도록 기존에 입력해 놓은 상태로 자동으로 재조정이 된다. 자동차의 좌석이 내 몸에 맞도록 기억하고 있다가 자동적으로 조정이 되듯이 음식 또한 처음 맛보았던 맛이 기본이 되어 그 다음에 더 좋은 재료를 가지고 더욱 양질의 동일한 제품을 만들어도 처음 그 제품 맛의 감동을 쉽게 능가하기에는 매우 어렵다고 할 수 있다. 이런 경우를 들어 장기간 많이 섭취하지 않았더라도 통상적으로 그 맛에 대한 경험이나 학습 또는 특정원인에 의해서 고착되었을 때에 사용되는 표현과 같이 "인이 박혔다."라는 말이 가장 적합하지 않을까 싶다.

다른 사례를 들자면 필자가 은행에 재직할 때 1,300여 명 정도의 많은 직원들을 관리하며 근무했던 적이 있었다.

당시에 직원들이 일반적으로 즐겨마시던 커피를 나름에는 직원들을 생각해서 인스턴트 커피의 끝판 왕이라 할 수 있는 커피믹스를 제일 비싼 A사의 믹스커피를 대량으로 구입하여 직원들에게 휴식 시간에 마시는 음료용으로 고루 나누어 주었던 적이 있었다. 그런데 어느날 우연히 나누어준 A커피를 인근 슈퍼에서 값이 A사의 커피에 비해 다소 저렴한 맥심 커피믹스로 교환해서 마시는 것을 보게 되었다. 직원들에게 그 사유를 들어보니 A사의 제품보다는 가격이 상대적으로 저렴하지만 맥심 커피믹스가 직원들의 입맛에는 더 잘 맞는다는 것이었다. 그만큼 처음에 입력된 맛이 직원들의 뇌와 미각을 지배하고 있었던 것 이었다.

　북한의 개성공단 근로자들에게 간식으로 제공되었던 정으로 주고받는 오리온 초코파이가 북한에서는 굉장히 고가로 귀한대접을 받는 상품이 되었고, 북한당국에서 조차 초코파이를 언급할 정도로 북한주민들의 미각을 사로잡은 저력 있는 상품이 된지 오래전 일이다. 북한에서도 비슷한 오리온초코파이 제품을 만들어서 판매하고 있으나 새로운 제품은 아마도 과거 필자가 근무했던 직원들의 A사의 커피와 비슷한 처지가 되어 있을 것이다.

　과거에 비아그라가 시판되었을 초창기에 비아그라 마케팅이라는 이야기가 영업사원들 간의 은밀하게 구전되어오던 영업비법으로 통하였다. 또한 영업 관련 강의 중 단골 주제가 되었을 정도로 대단했었던 시절이 있었다.

　이렇듯 어쩌면 북한지역에서의 남한의 오리온 초코파이는 과거 비아그라 마케팅을 능가하고도 남음이 있을 정도로 북한 진출 초장기에 영업활동에 많은 도움을 주는 데에는 충분할 정도로 그 가치를 발휘할 수 있는 마케팅 활용 제1순위의 상품이 될 것이다.

패션 1번지 평양

북한지역 중 평양이 패션으로는 핫 하다고 한다. 평양은 남한의 서울과 같은 북한의 수도이기도 하지만 북한에 공급되는 주요 물품들 모두 평양을 거쳐간다고 해도 과언이 아닐 것이다. 북한은 중류층이 없는 나라라고 해도 무리가 아닐 것이다. 잘사는 상류층은 남한의 주민들과는 상대가 되지 않을 정도로 상상하지도 못할 부를 누리고 있는 곳이 평양에 거주하는 일부 주민들이고, 그 외 지역에 거주하는 많은 사람들은 대부분이 끼니를 걱정하면서 생활해야하는 하류층 주민들이라고 해야 할 것이다.

개성공단이 건설되고 가동되기 전에 남북교류의 일환으로 남한기업이 북한지역으로 진출하여 북한에서 물품을 생산하였는데 그곳이 평양이었다. 예를 들면 약 15여 년 전쯤에 남한의 식당에서 손님들에게 내어주는 물수건이 대부분 북한의 평양지역에서 생산되어 남한 내 식당에서 유통되었었던 적이 있었다.

과거 남한에서는 화장품은 여성의 전유물로 인식되었던 적이 있었다. 북한도 마찬가지 상황이었으나 이제는 북한의 남성들도 화장품을 사용하는 것이 일반화 되어 피부를 하얗게 하는 미백 화장품이 특히 인기가 많다고 한다. 이런 시대의 변화 속에서 북한에서는 평양을 비롯한 국경 지역의 대도시에는 이미 고가품을 비롯하여 다양한 사치품들이 인기리에 판매되고 있으며, 중국 국적을 가지고 북한을 오고가는 화교를 비롯하여 북한의 국적을 가지고 있으면서 중국에서 거주하는 조교들 또한 남한의 유명화장품이나 의류 등 사치품을 대부분 중국에서 구입하여 북한에 가지고 들어가는데 이들은 남한의 유명 제품의 기능이나 가격까지도 상세하게 알고 있을 정도라고 한다.

탈북자들이 출연해서 북한에서의 생활상이나 경험 등을 이야기하는 방송 프로그램을 시청할 때 출연자들의 이야기 중 북한지역에서도 우리가 익히 알 수 있는 해외유명 브랜드 상품이 인기가 있다는 이야기를 하는 것을 자주 볼 수 있다. 또한 필자와 잘 아는 어느 탈북민의 이야기로는 북한에서 뇌물로 사용하는 외국의 유명한 담배가 있는데 그 담배는 담배회사 본사가 있는 현지 나라에서 생산이 되기도 하고 다른 제3국에서도 생산이 되는데 해외 면세점에서 같은 상품의 담배를 구입했어도 담배회사가 있는 본사에서 생산된 담배가 아니면 뇌물로 상납하기가 어렵다는 것이다. 그 이유는 본국과 제3국에서 생산하는 담배의 모양은 동일함에도 담배의 향이 다르기 때문이라고 한다. 북한의 주민들 중 일부분이겠지만 외국 담배의 맛과 향까지 구분할 정도로 이미 북한은 고가의 사치품과 밀접한 생활을 지속해 오고 있다는 결과이다.

평양은 북한 개발과 경제의 시작점이라고 해도 과언이 아닐 것이다. 이런 패션 1번지 평양에 우리 남한의 유명한 화장품을 비롯하여 의류, 귀금속, 시계, 패션 용품이나 액세서리 등을 전문으로 판매하는 남한의 백화점이나 이와 유사한 쇼핑몰 같은 전문 판매점의 진출도 검토해야 할 것 같다.

남북한 간 왕래가 개시되면 아마도 이런 고가품을 직접 판매하는 상점이 진출하지 않게 되면 남쪽에서 물품들을 구입하여 북한지역에서 판매되는 상품은 단순한 예상을 벗어나 일반 생필품보다는 주로 고가의 상품이나 가전 제품 등이 많아질 것이다. 따라서 이런 고가의 제품을 판매하기 위해서는 전문 상점을 대신한 보따리 상인들을 통해서 이루어질 것이다. 유통 구조상의 문제와 회사의 브랜드나 지명도 유지를 위해서라도 북한에서 아주 핫한 평양지역에 우선적으로 남한의 명품 전문점 진출이 꼭 필요할 것 같다.

24시간 편의점

남한의 도심 주변은 물론 지방 도시까지도 예전의 상점들은 많이 없어지고 이제는 24시간 영업을 하는 편의점을 곳곳에서 볼 수가 있다. 편의점에서는 365일 24시간 문을 닫지 않고 영업하는 상점으로 간단한 생필품은 물론 긴급하게 필요한 의약품부터 채소 등 식재료에 이르기까지 다양한 물품을 판매하는 일종의 소규모 백화점 같은 곳이다.

북한의 경우에는 남한의 편의점처럼 24시간 영업하는 상점은 없으나 대도시를 제외한 도시의 변두리나 외곽지역 그리고 지방 도시에서는 간단한 생필품이나 잡화는 대부분 전문 상점이 아닌 일반가정집에서 판매하는데, 늦은 시간에 급히 물건이 필요한 경우 취침중에 있는 상점 주인을 깨워서 물건을 구입해야하기 때문에 불편하기도 하고 물건을 판매하는 사람에게도 미안해서 물품이 필요한 제때에 구입하지 못하는 경우가 많다고 한다.

북한에도 남한처럼 24시간 운영하는 편의점 상점이 진출하게 된다면 북한주민들에게는 대단히 많은 환영을 받을 수 있을 것이다. 판매하기 위해 준비된 물품도 충분치도 않을 뿐더러 급하게 물품이 필요할 경우에 밤늦은 시간에 물품을 구입하기가 여의치 않았는데 이런 문제점들이 한꺼번에 해결될 수 있으니 북한주민들의 생활 향상과 만족도는 굉장히 높아질 것이다.

북한지역에 편의점이 진출한다고 해도 사전에 해결되어야 할 몇 가지 중요한 문제 등이 있다. 첫째는 북한지역에 전기가 원활하게 지원되어야 편의점에 전등을 켤 수 있고, 물품들의 신선도를 유지하기 위해서 냉장고도 가동할 수 있어야 한다. 둘째는 북한에서 잡화점의 역할을 대신할 수 있느냐에 대한 문제점이다. 잡화점에서 판매하는 다양한 물품까지 편의점에 전부 진열하여 판매해야 하는데 이 점이 가능할런지의 문제이다. 셋째로는 편의점을 운영하는 업주가 편의점 시설들을 설치하고 운영할 정도의 자본을 가지고 있는가에 대한 문제점이다. 마지막으로 이런 문제점을 안고 있음에도 남한 내 편의점 전문 기업이 북한에 진출하려는 의지가 있을까? 라는 문제점이다.

남한에서도 24시간 편의점이라는 상점이 오늘날처럼 정착하기까지 많은 시간들이 경과되었다. 북한지역에서도 24시간 편의점과 같은 상점들이 평양지역을 시작으로 머지않아 북한환경에 적합한 상점으로 재탄생하여 등장하게 될 것이다. 다행스럽게도 남북교류 이전이라도 남한의 편의점 같은 상점들이 북한지역에 자생적으로 점차 자리를 잡아가고 있다면 북한이 개방되는 시기에는 24시간 편의점은 쉽게 정착할 수 있을 것이다.

특히 다른 문제 보다는 전기 문제가 우선적으로 해결된다면 성공이 가능할 사업으로 발전하게 될 것이다. 북한지역에 새롭게 시작되는 편의점은 사업의 성공 가능성이 높을 뿐 아니라, 처음 진출하는 기업이나 영업 점주는 가장 좋은 위치를 선점할 수 있다는 두 가지 커다란 장점을 가지고서 출발하는 사업이 될 것이다.

13

의료·약품

- 고향마을 하숙집
- 귀한 군것질거리 영양제
- 제약회사의 구인구재(救人救災)사명감
- 3D와 로봇팔을 이용한 의료산업

평 양 상 인 경 성 탐 방 기

고향마을 하숙집

남북이 분단되고 왕래가 자유롭지 못한지가 어언 70년의 세월이 흘렀다. "10년이면 강산도 변한다."라는 말에 비쳐본다면 강산이 7번이나 바뀐 셈이다. 북녘에 고향을 두고 온 실향민들은 통일이 되면 고향에 돌아가 살겠다는 젊은 시절의 꿈은 지나온 세월과 함께 서서히 사라져가고 이제는 "죽기 전에 고향땅을 밟아보면 소원이 없겠다." 그리고 "죽어서라도 고향땅에 묻히는 것이 소원"이라며 간절함이 절절하게 가슴속 깊이 베인 말씀들을 내놓으시고 계신다.

남북이 왕래가 시작되면 실향민들은 고향땅을 당연히 밟으시겠지만 건강이 좋지 않으신 분들은 제도나 법의 문제가 아닌 건강상의 문제로 이마저도 쉽지 않을 수도 있을 것이다. 건강이 허락하신 분과 그렇지 못한 실향민 분들을 위해서 북한지역 곳곳에 요양원 또는 이와 유사한 하숙집 형태의 주거시설을 만들어서 영업을 하면 좋겠다는 생각이다.

북한개방 초창기 부족한 숙박시설 해결은 물론 실향민 1세들에게는 고향에서 편안한 여생을 보낼 수 있도록 도움을 주는 자선사업을 넘어선 공익적인 복지사업이라고 할 수 있을 것이다. 최근 북한정부에서는 복지사업의 일환으로 요양원 신축을 많이 하고 있는데 이의 신축을 위한 재원을 국가가 부담하지 않고 주민들을 대상으로 재원을 마련하고 있다고 한다. 재정 부담을 주민들에게 부담시키고 있어서 사업의 진척이 순탄하지는 않을 것이라는 생각이 든다.

북한지역에도 요양원을 신축하는 것은 연로한 노인 분들의 편안한 노후 생활에 도움을 주는 요양원이 많이 필요하다는 증거이기도 하다. 또한 북한이 개방되었다고 해서 북한지역의 요양원에서 비용을 부담 한다고 해도 남한에서 고향을 방문한 실향민들까지 입소할 수 있는 자격이 주어지는 것을 기대할 수는 없는 일이다.

남한지역의 뜻있는 많은 분들이 북한에 진출하여 북한지역 곳곳에 실향민들과 그 후세들이 부모님들 고향과 친족을 찾는 일 그리고 내 뿌리를 찾기 위해서 고향지역에 장기체류하면서 편히 지낼 수 있는 하숙집 또는 실향민 1세들이 고향땅에서 여생을 편히 지낼 수 있는 요양원과 같은 시설을 운영한다면 굉장히 뜻있고 보람된 사업이 될 것이다.

뜻이 있는 자선사업가나 국내의 여러 기업들이 동참하여 위와 같은 사업을 운영하는 경우 기업이 해당 사업운영을 위하여 일정액의 금전을 받을지라도 더없이 고맙고 축복받는 으뜸 선행(善行)사업, 즉 기업의 이익을 사회에 환원하는 대표적인 사업 중의 하나가 될 것이다.

귀한 군것질거리 영양제

아프리카지역에는 식수사정이 좋지 않아서 병든 어린이를 돕는 자선단체에 기부를 호소하는 공익방송이 가끔씩 TV 화면에 나오곤 한다.

필자가 어렸을 적에도 식수나 영양분 섭취가 충분치 않았던 탓에 비타민, 영양, 소화의 주성분이 포함되어있는 영양소인 원기소를 서울약품공업주식회사에서 제조하여 판매하기 시작했다. 원기소를 필두로 '약한 어린이가 장복하면 밥맛이 절로 난다'는 재미있는 만화(애니메이션)를 통해서 광고를 했었던 강력한 소화효소제 삼일제약 에비오제, 같은 종류인 어린이 정장제인 한독약품의 미야리산 아이지와 아동을 위한 유산균 소화·영양·정장제를 일동제약에서 비오비타라는 제품으로 만들어 어린이 유산균 정장제 시장을 이끌어 나갔다.

원기소 같은 영양제는 하루 적정 섭취량이 정해져 있었는데 그 당시에는 변변한 군것질거리가 없었던 시절이다 보니 과자 같은 묘한 맛을 가지고 있는 원기소를 부모님께서 정해준 수량을 가끔씩 초과해서 군것질거리처럼 먹었던 기억이 있다. 당시에 원기소를 먹으면 건강도 좋아지고 키도 커진다고 믿어서인지 많은 부모님들께서 자녀들을 위해 복용시켰던 것 같다.

북한에도 식수 사정은 물론 어린이 영양 섭취가 충분하지 않다고 한다.

남한을 비롯한 전 세계 어느 나라를 막론하고 부모가 자녀를 위하지 않는 나라는 없듯이 북한도 마찬가지일 것이다. 남북한 간에 본격적으로 교류가 시작되면 어느 물품보다도 제일 먼저 들어가야 할 것이 어린이 용품들 일 것이다. 그중에서도 어린이 유산균 정장제 제품이 최우선적이 되었으면 좋겠다는 생각이다.

어린이 정장제 영양소를 비롯하여 일반 주민들에게도 필요한 구충제, 소화제, 설사약, 종합 감기약, 진통제, 동상연고, 염증이나 상처 치료 등을 위한 약품, 안약 등도 시급하게 북한지역에 진출해야 하는 필수 약품이라고 할 수 있다.

남한에서 약국이나 편의점에서 처방전 없이 쉽게 구입할 수 있는 약품들 정도는 북한 내에 관광 등 사업이 진출하기 이전 개방 초기에 최우선적으로 진출해야 하는 중요 물품인 것이다. 남북한 간의 교류가 시작되는 장래의 시기가 아니라 어쩌면 지금부터라도 북한 지역에 필요한 필수 의약품 개발과 생산에 대한 기본적인 플랜이 어느 정도는 준비되어 있거나 시급히 착수되어야 한다고 생각한다.

특히 의약품 분야는 지금 준비하지 않고 남북교류가 시작되는 시기에 준비한다면 그때는 아마도 북한 내 의약품 시장을 다른 나라가 장악하고 있을 정도로 시급을 요하는 중요한 분야라는 생각 때문이다. 필자가 이렇게 강조하는 것은 북한과 관련된 연구논문들이나 단체들 중 약품 관련 제약회사들의 참여가 크게 두드러지지 않아서 조급함이 앞선 탓인 것이다. 그러나 필자가 접하지 못한 다른 분야에서 드러내지 않고 묵묵히 대북 봉사활동을 해 오고 있는 의약품 업계도 많을 것이라고 생각한다.

단발성 약품기부 등의 사업으로 끝내지 않기를 바라며, 약품업계의 지속적인 관심과 후원 그리고 향후 북한 개방 후 신속한 진출에 대비하여 사전에 많은 준비를 부탁드리고 싶다.

제약회사의 구인구재(救人救災)사명감

북한지역에 가장 시급하게 진출해야 하는 분야 중 하나가 의약품이다. 북한지역 주민들 중 질병으로 고통 받고 있는 많은 환자들이 병원치료는 감히 엄두도 내지 못하고 의약품마저 귀하다 보니 각 질병에 맞는 의약품으로 치료를 하지 못하고 모든 질병을 진통제 한 가지 약품에 의존하여 해결하려고 하니 병세가 더욱 악화되는 경우가 많다고 한다.

남한의 경우 일부 약품에 대해서는 처방전이 없이도 약품을 약국에서 구입할 수가 있고, 병의원이 많지 않은 도서산간 벽지를 비롯 일부 시골지역에서는 아직까지도 예전처럼 약국에서 약사의 처방대로 약을 조제하여 간단한 병들은 치료하고 있다. 그리고 최근에는 긴급을 요하는 비상약품과 간단한 감기약 정도는 편의점에서 구입할 수 있게 되었다. 심지어는 자궁경부암 진단 키트의 경우는 약국보다 편의점에서 먼저 판매를 시작하는 경우가 있을 정도로 일부 약품들은 정해진 지정약국이나 병원이 아닌 일상생활 용품을 판매하는 곳에서도 구입할 수가 있게 되었다.

북한지역에 개방이 시작되면 여러 가지 생필품이나 건축자재 등의 유입이 활발해지겠지만 이들과 동시 또는 그 이전이라도 간단한 질병을 치료하는 의약품이 제일 먼저 진출해야 할 것이다. 우선 식생활의 변화로 인한 소화제부터 시작하여 불규칙한 식생활로 인한 북한주민들에게 많이 발생하는 위장병을 치료하는 위장약 그리고 각종 염증치료에 필요한 소염제와 진통제 그리고 감기약 등이 최우선적으로 들어가야 할 약품일 것이다.

또한 구충작용에 필요한 해충약과 파리, 모기와 진드기 등의 벌레들을 퇴치하는 모기향과 분사 방식의 에프킬라 등의 약품도 함께 진출해야 할 것이다. 구충 예방과 해충이나 벌레를 퇴치하는 것도 북한주민들의 건강을 위해서 가장 기초적으로 수행해야 하는 일들이기 때문인 것이다. 전문 의사나 약사들이 관리하면서 처방해야만 하는 의약품을 제외하고서는 남한의 경우보다 훨씬 많은 종류의 의약품들이 충분한 의료혜택을 받지 못하고 질병으로 고통받고 있는 북한주민들을 위해서는 꼭 시급히 진출하여 주민들이 가장 쉽게 의약품을 구입하는 시스템을 만들어야 할 것이다.

주민들을 위하고 사람의 건강을 위하는 의약품 진출도 중요하지만 동시에 동식물에 필요한 의약품도 함께 진출하는 것도 고려해야 할 것이다. 동물이나 가축이 병들기 전이나 병이 들었을 때 적절한 치료가 수반되어야 하는데 질병으로 인하여 동물이나 가축 그리고 식물들이 죽었을 경우 이를 인지하지 못하고 식량이 부족한 북한지역에서는 식용으로 섭취할 가능성이 매우 높다고 할 수 있다. 병들어 죽은 가축 등을 섭취하는 경우 섭취한 사람의 건강에도 당연히 좋지 않겠지만 자칫하면 2차 질병으로 이어질 수 있기 때문이다. 특히나 질병에 취약한 노약자의 경우는 더욱 위험하다고 할 수 있다.

일견 생각하기에는 북한의 주민들의 건강을 위한 의약품이 먼저 들어가야 한다고 생각하지만 2차 발병의 예방을 위해서는 동식물들의 질병치료와 예방에 필요한 의약품도 동시에 들어가는 것이 당연한 논리인 것이다. 사람들의 질병 치료와 예방 그리고 동식물의 질병을 치료하고 예방하는 의약품을 생산하는 제약회사는 북한의 개방 시기에 구인구재(救人救災)의 사명감을 갖고서 제일처음 첫발을 내딛었으면 좋겠다는 생각이다.

3D와 로봇팔을 이용한 의료산업

북한이 개방되면 그 어느 시설보다는 병·의료원이 제일먼저 진출해야 만 할 것이다. 북한지역 내의 병·의원 시설은 아주 낙후되었을 뿐 아니라, 기본적인 치료 기기나 시설을 비롯하여 가장 중요한 의약품 등이 많이 부족하기 때문이다. 북한주민이 병원에서 치료를 받으려면 장마당에서 약품을 구입해서 병원에 가지고 가야할 정도로 심각한 약품부족 상태라고 한다.

북한의 병원은 문턱도 높고 치료약도 충분치 않기 때문에 일시적으로 진통과 치료효과가 있는 아편을 북한 주민들 중 상당수가 상비약과 만병통치약으로 여길 뿐 아니라, 질병이 발병하는 경우에는 치료약으로 복용하는 사례도 있으며, 심지어는 배고픔을 이기기 위해서 복용하는 경우까지 있다고 한다.

북한지역의 주민들은 평양지역과 그 외의 대도심에 거주하는 일부주민들이 병원 혜택을 받을 수 있고 그 이외에는 병원에서 치료를 받는 것은 매우 어렵기 때문에 대부분 민간요법이나 무면허로 불법 영업을 하는 장소에서 시술이나 치료를 받는다고 한다.

얼마전 TV에서 탈북 여성으로부터 미용시술인 쌍꺼풀 시술을 받을 때 마취제를 구하기 어렵거나 굉장히 비싸기 때문에 거의 대부분 시술받는 동안 마취 없이 무마취 상태로 고통을 참아가며 시술을 받았다는 증언 내용을 시청한 적이 있었다. 우리의 경우라면 신문지상이나 방송에 나올법한 상황이 북한에서는 공공연하고 당연시 행해지고 있는 것이다.

요즘 남한의 대학병원이나 종합병원을 제외한 개인병원들의 경우 영업상황이 예전 같지 않다고 한다. 환자들도 줄어드는 원인도 있겠지만 질병치료에 필요한 치료기구 리스비용이나 구입비용, 높은 임대료와 인건비 그리고 동종 의료시설이 사람의 왕래가 많은 도심 중심지역에 집중한 탓이 그 이유일 것이다.

위와 같은 남한 내의 잉여 병원과 의사들이 북한에 진출하여 북한주민들을 위하여 선진국 수준의 높은 치료기술로 북한주민들의 질병을 일부분 도맡아 치료해 준다면 통일의 시기가 한층 빨라질 것이며, 북한 주민들 또한 남한에 대한 경계심도 많이 줄어들 것이고, 인식 또한 매우 우호적으로 빠른 시간에 변화 될 수 있을 것이다.

북한지역에 의료시설과 의료진이 진출하기 위해서는 남한에는 거의발생하지 않는 질병 즉 북한지역에서 많이 발생되는 동상을 비롯한 추운지방이나 북한지역에 발병률이 높은 다양한 질병들에 대하여 사전 파악이 중요하고, 이의 치료 방법들에 대해서도 사전 학습과 연구가 필요할 것이다. 그러나 남한에서도 환자들이 적지 않으며 북한지역에도 많은 환자가 있는 치질 관련 질환이나 안과나 이비인후과 질환, 그리고 소아과 등을 비롯하여 치과 병원도 우선적으로 시급하게 진출해야 하는 의료 분야라고 할 수 있다.

특히 신체를 절개하지 않고 구멍을 뚫어서 로봇팔로 시술하는 수술방법과 사람의 손을 전부 거쳐야만 하는 전통적인 치기공 분야의 경우 임플란트나 새로운 틀니를 만들 때 3D프린터를 이용하고 있는 남한의 기술이 진출한다면 북한지역에서는 굉장히 획기적인 분야라고 할 수 있을 것이다.

이와 동시에 대도심 지역의 부유층 여성들 또한 미용에 대한 관심도가 매우 높으므로 피부나 성형관련 분야도 북한의 대도심등 지역에 진출하는 것 또한 굉장히 긍정적인 반응을 보일 것이다. 북한지역에 모든 분야의 과목 진출이 가능한 것은 오로지 의료분야라고 할 수 있다. 북한주민들의 질병치료와 그들의 기대에 부응할 수 있는 성공적인 의료산업의 북한 진출을 위해서는 북한지역에 주로 발병하는 질병 종류와 치료 방법 등에 대해서 사전 조사와 연구가 선행되어야만 가능할 것이다.

14

전기·전자

- 구리값이 심상치 않다
- 대도심에는 전자오락실·PC방
- 이동식전등
- 컴퓨터와 TV를 하나로

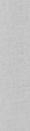

구리값이 심상치 않다

북한은 평양이나 대도심을 중심으로 최근에 신축한 일부 아파트를 제외하고는 굉장히 노후된 주택이 거의 대부분이라고 할 수 있다. 오래된 목조위주의 주택들은 전기배선을 예전에 사용하던 시설 그대로 사용하고 있을 것이며, 도자기 형태로 만든 애자[8] 절연체도 가정집에서 흔히 볼 수 있을 것이다. 남한의 주택은 전선을 대부분 건물 내부로 설치하여 외부로는 노출하지 않은 채로 건축하였기 때문에 지금은 예전 한옥주택이나 인테리어를 위해 전기선을 일부러 노출해놓은 카페나 식당 등 이외의 장소 외에는 애자를 쉽게 볼 수가 없으며, 어쩌면 애자가 무엇인지조차 모르는 분들도 많을 것이다.

북한에 있는 대다수 주택의 전선은 오래전에 설치하였던 철선에 천으로 된 피복이 입혀져 있으며, 전선은 눈에 보이지 않은 천장 등지에 설치되어 있다. 반면 실내와 외부 등에 노출되는 곳이나 눈으로 확인되는 전기선은 그나마 최근에 생산된 고무 피복으로 되어있는 안전한 구리전선을 사용하고 있을 것이다. 그리고 개인 가정용 태양광 발전기로 전기를 생산하여 가전제품에 직접 연결하여 전자제품을 사용하고 있어서 아직까지는 전기선으로 인한 특별한 문제가 많이 발생되지는 않을 것이다.

전기 공급이 충분하지 않은 상태와 가전제품이 많지 않은 북한의 가정집에 앞으로 거의 대부분 전기로 가동되는 가전제품들이 북한의 가정집 방안으로 진출할 경우 많은 전력이 필요하게 되고 당연히 그에 걸맞는 튼튼하고

---

8) 전선로나 전기기기의 나선(裸線) 부분을 절연하고 동시에 기계적으로 유지 또는 지지하기 위하여 사용되는 절연체로 도자기 등으로 만든 제품이다.

높은 전압에도 견디는 전기선들이 전기가 들어오는 인입선과 맞물려 있어야 할 텐데 현실은 그렇지가 못한 실정이다.

전기로 인한 화재가 심심치 않게 북한 가정집에서 발생하고 있음에도 크게 기사화되지 않고 많이 알려지지 않았을 뿐이지 그에 대한 잠재적인 심각성은 예상보다 훨씬 클 것이다. 만일 화재가 발생하는 경우 그 화재의 주요 원인은 가전제품이 많지 않음에도 가동 시에 전력이 많이 필요로 하는 가전제품을 사용하게 되면 오래되고 낡은 전기배선의 과열로 인한 화재가 그 첫째 이유일 것이다.

북한에 개방의 물결이 찾아오게 되고 많은 물품들이 북한에 유입되면 그 중 첫째 물품은 당연히 가전제품들일 것이다. 가전제품을 편안하게 사용하려면 전기배선 특히 가정용 전선교체가 최우선시 되어야 할 것이다. 목조 구조물이 많은 주택에 전기배선을 교체한 후 전기제품을 사용하는 것은 화재 예방이나 안전을 위해서는 당연한 일이라고 할 수 있다.

가정집에서 전기제품을 안심하고 사용할 수 있는 전기선, 연결코드 등 전기 부속재료도 많이 필요로 할 것이다. 물론 전기공사도 당연히 병행이 되어야 하겠지만 북한에서는 사람이 하는 일은 북한에 값싼 인력들이 충분히 많을것이며 특히 가정집 정도의 전기공사를 할 수 있는 전공들도 적지 않을 것이다.

북한 가정의 전기 공사에 필요한 전기 스위치를 비롯하여 코드 등 부속품들과 함께 굉장히 많은 양의 전기선이 필요할 것이다. 가정집 전기선이 구리 시장에 얼마나 많은 영향을 줄 수 있겠는가? 라고 이야기 할 수도 있겠지만 어느 일정시점에는 세계 구리 시장의 값이 상승 할 정도로 북한지역 내 구리 전선의 수요는 우리가 상상하는 것 그 이상으로 필요 할 것이다. 아울러 전기선을 비롯하여 많은 전기가 소요되지 않고 전구교체가 불필요한 경제적인 LED 전등 시장도 함께 주목해보는 것도 중요하다는 생각이다.

대도심에는 전자오락실·PC방

필자가 초등학교 3학년쯤 집근처에 오락실이 새로 개점하였다. 오락실이 없었던 당시에 필자는 하루종일 전자 음향 소리와 사람들로 북적거리는 오락실이 너무 신기한 광경이었다. 당시에는 자동차 모형에 운전대를 설치하고 커다란 도로 모형의 벨트가 돌아가면 운전하는 오락기와 커다란 공이 허공에 매달려 있으면 형들이나 어른들은 주먹으로 그 공을 힘껏 쳐서 숫자가 올라가는 펀치 볼, 바닥에 조그만 바늘 구멍만한 곳에서 바람이 올라오면 둥 그런 호떡 굽는 모양의 기구로 납작한 원을 쳐내서 상대방의 골대에 넣는 게임기, 하키선수 모형의 쇠붙이를 돌려서 쇠구슬을 쳐내어 상대방 골에 쇠구슬을 넣는 게임기 등 당시에는 정말 신기한 오락 기계들이 많았다.

요즈음 남한에서는 전자오락기, 사격장, 문제퀴즈를 풀어서 갇혀 있는 방에서 탈출하는 게임방, 스트레스 해소를 위해 물건을 망치로 부수는 게임방, 극기 체험처럼 귀신 나오는 방을 빠져나오는 게임방 등 다양한 형태의 게임방을 비롯하여, IT산업 발달로 큰 변화 없이 꾸준하게 명맥을 유지하는 PC방 등이 남녀 청소년부터 중장년에 이르기까지 많은 인기를 얻고 있다.

북한에도 오락기기가 있는 오락실이 간혹 언론매체를 통하여 소개되기도 하였지만 이는 평양지역 등에만 국한된 것으로 보인다. 또한 오락기기가 있는 시설들이 다른 도시에도 있을지라도 상징적인 형태로 아주 적은 숫자의 시설들만으로 국한되어 있을 것이다.

예전에 필자의 후배로부터 베트남에서 적은 투자 비용으로 사업을 하고 싶다며 좋은 아이템이 없겠냐며 필자에게 자문을 구한 적이 있었다. 베트남에서는 박항서 국가대표 축구감독의 인기가 하늘을 찌르고 있고 베트남 국민들이 축구에 대한 열기가 대단하기 때문에 길거리에 축구공 모양의 오락기를 베트남 상가 밀집 지역에 설치해보면 어떻겠냐고 제언해 준 적이 있다. 베트남에는 아직도 우리나라 오락실이나 휴가철 해변가에서 많이 볼 수 있는 축구 오락기는 없는 것 같다. 젊은층이 많고 축구에 대한 열기가 가득한 축구오락기는 베트남에 딱 맞는 아이템으로 생각되었다.

이렇듯 북한에서도 축구에 대한 열기가 대단하고, 북한의 젊은 청소년층에도 충분히 인기를 얻을 수 있는 축구공 오락기를 비롯한 전자오락 실, PC방 등을 평양을 비롯한 대도심 등지에 개점한다면 북한 주민들에게 많은 흥미와 즐길 거리를 충분히 제공할 수 있으며, 그동안 억압되었던 스트레스를 해소할 수 있는 기회의 공간과 시설을 제공하게 되는 결과를 가져오게 될 것이다.

북한 내 대도심 속 오락실과 PC방 등의 개점은 남한의 기존 운영사업자분들에게는 그동안 오락실 운영경험으로 쌓은 노하우를 통해서 동종 업계의 과잉 개점으로 남아도는 중고기계 등도 재활용할 수 있는 좋은 기회가 되는 사업이 될 것이다. 그중에서도 특히 PC방에서 식사를 해결하면서 게임을 즐길 수 있는 것은 북한 젊은이들에게는 특별한 경험으로 다가갈 수 있을 것이다.

이동식전등

북한지역에는 전력 사정이 매우 좋지 않다고 한다. 과거 일제강점기에 전력을 생산하기 위해서 건설한 수풍댐 수력발전소에서 생산된 전력으로 남한까지 사용하고도 남았는데 지금은 북한의 관공서를 비롯하여 특정 지역이나 간부들의 주택을 제외하고서는 전력을 하루 중 몇 시간동안 또는 격일제 등으로 전력이 제공되고 있어서 하루 24시간 동안 온종일 전력이 공급되어 가동되어야만 하는 냉장고 같은 전자제품은 거의 사용이 불가능하여 다소 과장된 표현일지 모르겠지만 물건을 보관하는 일종의 장식장에 가까울 정도의 용도로 사용되고 있다고 한다.

북한의 가정집 등에서 남한과 같이 저녁시간에 전기를 이용하여 조명이나 난방 또는 음식조리는 거의 꿈도 꿀 수 없는 상황이므로 당연히 주택의 방안을 밝혀주는 형광등 같은 조명기구 사용은 어렵지만 저녁시간 만큼 가정집 방안이라도 환하게 밝혀줄 수만 있다면 주민들이 생활하는데 얼마나 편리하겠는가? 라는 생각을 해보았다.

전기시설이 없는 야외 등 장소에서 캠핑이나 여러 필요한 일들을 하는 늦은 저녁시간에 어둠을 뚫고 환하게 불을 밝혀주는 여러 물품들이 있다. 랜턴이나 가스등과 태양광을 충전해서 사용하는 전등을 비롯하여 소형발전기를 경유나 휘발유로 가동하여 전력을 생산해서 불을 밝히는 방법 등 다양한 수단과 도구를 이용하여 어두운 밤을 낮 시간으로 돌려놓고 있다. 또한 외부의 힘을 빌리지 않고 사람의 손으로 직접 발전기를 돌리면서 불을 밝히는 휴대용 손전등과 같은 친환경적인 제품들도 있다. 이들 중의 제품이나 수단 중에서 현재 북한의 가정에서 소소하게 사용하는 전기는 다른 수단보다는 태양광 전력의 도움을 많이 받고 있다고 한다.

우리나라를 비롯하여 전 세계 어느 나라를 막론하고 전기가 산업의 가장 기본 동력원이 되고 있다. 전기를 생산하기 위해서는 화력이나 수력, 풍력, 지열, 조수간만의 차를 이용하기도 하고 태양광이나 원자력으로도 전기 생산을 하고 있다.

북한지역에는 부족한 전력사정으로 산업 활동조차도 원활하게 지원하지 못할 정도의 실정이어서 북한지역의 어두운 저녁시간을 밝게해 줄 수 있는 전등이나 가정에서 간단한 음식 조리 등을 할 수 있는 전력을 생산하는 태양광을 비롯한 발전 기구와 수동으로 전기를 생산하는 발전기 등의 수요가 많아지고 있다.

중국 등을 통하여 북한지역으로 유입되는 다양한 전등이나 배터리와 태양광 제품들은 많겠지만 남한은 상대적으로 전력공급이 풍부함에 따라 북한에서처럼 다양한 종류의 제품들이 필요치 않은 실정이다. 이러한 연유로 남한의 관련제품을 생산하는 기업들은 제품개발이나 생산량 증대에 많은 관심을 갖지 않거나 소극적이었을 것이다.

북한이 개방된다고 할지라도 북한지역에 남한처럼 충분한 전기가 공급되기 까지는 상당한 시간이 소요될 것이다. 더더구나 북한의 전력수급사정도 문제이지만 공식적으로 220V의 전압을 사용하고 있음에도 원활한 전력공급이 되지 않아 전압조차도 불규칙하다는 것이다. 그로 인하여 전구나 심지어 LED등도 불꽃을 튀기며 터지는 경우가 비일비재하다고 한다. 이런 문제점을 안은 채 북한이 개방된다면 북한주민들의 눈높이는 높아지고 물자유입 역시 걷잡을 수 없이 늘어나는 반면 이를 충족해줄만 한 전력이 충분하게 공급되지 않는다면 궁극적으로는 북한지역에 유입되는 다양한 전기전자 제품들은 '그림속의 떡'으로 전락 될 것이다.

전기를 처음 발명했던 에디슨이 개발한 전력시스템인 직류(DC)방식은 전기를 장거리로 송전할 때 문제가 있다고 해서 변압기라는 장치로 전압을 올리는 테슬라의 교류(AC)에 밀려서 그동안 빛을 보지 못하고 있다가 130여 년이 지난 오늘날 태양광과 풍력 등의 발전으로 DC전기를 생산하여 배터리로 충전한 후 DC전원을 공급받는 배터리로 동력을 제공하는 전기제품과 휴대폰 등의 기기 보급과 사용의 확대로 우리에게는 인버터와 컨버터 기술로 알려져 있는 에디슨의 DC전기가 이제 그 진가를 발휘하고 있다.[9] 충전기에 얹혀만 놓아도 충전이 되는 무선 충전시대에 돌입하고 있는 이 시대에 앞으로는 무선으로 사용하는 휴대폰처럼 전기도 필요할 때마다 전력회사를 선택해서 무선으로 전기를 끌어와서 수시로 사용하는 시대가 머지않아서 도래할 수 있을 것이다.

북한이 개방되는 즉시 많은 주민들의 욕구를 충족시킬 수 있는 대형전기관련 제품시장에 진입하기 위해서는 우선 어둠을 밝혀줄 수 있는 전기 생산과 생산된 전기를 보관하는 저장장치(ESS)와 배터리 그리고 태양광을 비롯한 소형 발전기의 수요가 많아질 것이다. 이들 제품들을 생산하는 기업에서는 북한주민들이 당장 시급히 필요하면서도 앞으로 오랫동안 그들의 생활 필수품이 될 수 있는 다양한 충전식 전등류의 제품과 고효율의 충전용 발전기와 충전기 등을 개발하고 생산하는 노력을 지금부터라도 시작해야 할 것이다.

이는 전기자동차의 핵심이라고 할 수 있는 배터리 산업발전이라는 결과도 함께 가져올 수 있는 기회가 될 것이다.

---

9) 2019. 5.14일자 내일신문 참조

컴퓨터와 TV를 하나로

동독과 서독이 통일이라는 결과를 가져오는 데 많은 역할을 하였던 것중 하나가 미디어라고 한다. 분단된 상태에서 당시 동독은 서독의 지상파 방송을 시청할 수 있었다. 그래서 동독 주민들은 자연스럽게 서독의 생활이나 체제에 대해서 학습하게 되었고 서독과의 통일을 동경하던 끝에 당시 동구권 공산주의 국가 중에서 크게 빈곤하지 않았음에도 불구하고 서독과의 통일을 큰 어려움 없이 이루게 되는 계기 중의 하나가 되었다고 한다.

북한 당국의 강력한 단속과 감시 속에서도 CD나 저장매체 등을 통해서 많은 북한주민들이 남한의 방송 프로그램을 시청하고 있고, 그 결과 남한의 체제나 사회를 자연스럽게 동경하게 된다고 한다. 이런 연유로 남한방송 시청 경험이 있는 북한 주민들 중 일부는 탈북하여 남한에 정착하게 된 가장 큰 동기가 남한의 방송이라는 탈북민들의 증언도 잇따르고 있는 것 같다. 북한이 개방되면 북한주민들은 제일 먼저 마음 편히 남한의 TV방송을 시청하기를 원할 것이다. 물론 개방시점에 남한의 방송을 북한당국의 단속이나 통제 없이 자유롭게 시청할 수 있는 법적 제도가 사전에 마련된 이후라는 가정 하에서다.

북한주민들은 가정집마다 TV를 전부 소유하고 있다면 별다른 문제가 없겠지만 지금까지의 북한경제 상황을 감안해 본다면 그렇지 못할 확률이 높다고 할 수 있다. 이런 현실 속에서 남한의 TV는 개방 초기에 남북통일 교육을 상당부분 감당해줄 수 있는 수단이 될 것이다. 현재 북한에서는 TV와 컴퓨터 가격이 굉장히 고가에 거래되고 있지만 남북교류가 시작되면 그 가격도 많이 저렴해지겠지만 동시에 값싸게 구입할 수 있도록 별도의 지원책도 마련되어야 할 것이다. 그리고 가정에 TV가 없는 북한주민들이 남한 방송을 쉽게 시청 할 수 있도록 일반 컴퓨터 모니터와 외장 TV 수신기를 이용해서 TV 방송을 시청할 수 있게 한다면 이는 매우 바람직한 일이 될 수 있을 것이다.

필자가 외장 TV 수신기를 컴퓨터에 설치하여 남한의 TV를 시청하는 방안을 제안한 것은 일반적으로 컴퓨터가 TV보다 가격이 저렴한 편이고 컴퓨터와 TV의 두 가지 기능을 수행하도록 컴퓨터를 구입하여 외장 수신기를 설치하여 TV를 시청할 수 있게 하는 것이 TV와 컴퓨터 두 가지 물품을 구입하는 경제적 부담을 다소나마 덜어주는 최선의 방법이라고 생각했기 때문이다.

이미 북한에는 중국 등을 통하여 컴퓨터용 TV 외장 수신기가 진출했다고 한다. 북한주민들에게는 신기할 정도의 새로운 상품은 아닐지라도 관련 생산 업체에서 개방 초기에 값싸고 성능이 우수한 국산 수신기를 북한지역에 진출시켜 판매한다면 해당 제품은 북한지역에서 매우 인기 있는 제품 중에 하나가 될 것이다.

제조판매

평 양 상 인 경 성 탐 방 기

금고 사업

필자가 지난해 국내 경제전문 라디오 방송 프로그램과의 생방송 인터뷰 중 사회자로부터 북한이 개방되면 어떤 사업을 하면 좋을 것인가? 라는 질문을 받았다. 그때 필자는"북한이 개방되면 도로, 항만, 철도를 비롯하여 지하자원 관련 사업에 투자하는 것은 교과서적인 성공투자 종목으로 국가나 대기업에서만이 할 수 있는 사업이므로 그 이외에 개인이나 중소기업들은 북한개방 초창기에 금고 사업을 하면 좋을 것이다."라는 답변을 했더니 사회자는 의외의 답변이라는 반응을 보이면서 금고 사업에 대해서 자세히 설명해달라는 요청을 받은 적이 있었다.

북한이 개방되면 흔히들 남한에 굉장히 많은 부를 가져다 줄 수 있다고 많은 사람들이 이야기하고 있다. 그런데 북한이 개방되면 남한에 거주하는 일반인이나 중소기업들은 어떤 방법으로 어떤 사업 아이템을 가지고 북한에 진출해야 할 지가 막연할 것이다. 어쩌면 뜬구름 잡는 느낌을 가질 수 있을 것이다.

남북한이 개방되면 경제적인 측면에서 남한도 많은 영향이 미치겠지만 북한은 굉장할 것이라고 생각한다. 특정 지역개발이 아닌 하나의 국가를 새롭게 재건한다고 해도 과언이 아닐 정도로 많은 기회와 발전이 있는 곳이 북한이 될 것이다. 우선 사회주의 경제관리 체제에서 시장경제 체제를 도입하게 되므로 북한지역에도 많은 경제교류와 산업발전을 가져오게 될 것이다. 과거 중국을 비롯하여 베트남, 라오스 등 사회주의체제에서 자본주의 시장경제 체제를 도입하였던 국가들 모두 물품 거래가 활발해지게 되는데 이의 거래 수단이 되는 현금 유통량이 굉장히 많아지는 현상이 발생하였다. 그런데 현금 유통량에 비하여 이를 관리해 줄 수 있는 금융기관이나 시스템이 충분히 이를 뒷받침을 해주지 못했다.

사회주의 국가에서 자본주의 경제 체제를 도입하는 국가들의 공통점이 바로 금융 시스템의 낙후라는 문제점이다. 개방 초기 이들 국가에서 당장에 현금을 보관할 수 있는 금고가 불티나게 팔렸던 것은 공통적인 대표사례 중의 하나라고 할 수 있다. 금고 사업이 생소하게 느껴지는 것은 많은 사람들의 관심이 소소한 분야를 살피지 않고 외형적으로 커 보이는 건설업이나 유통 분야에 관심을 집중했기 때문일 것이다.

금고의 경우 카드 거래가 많고 현금 거래가 적은 우리나라에도 심지어 모든 상점마다 크고 작은 금고가 하나 정도는 비치되어 있다. 그런데 주로 현금 거래가 많은 개방 초창기 북한지역에 상점마다 금고를 하나 또는 그 이상 구입해야 한다면 그 판매 규모는 상상 그 이상이 될 것임을 충분히 짐작할 수 있을 것이다.

북한지역의 큰손들은 이미 집에 현금을 보관할 수 있는 커다란 금고들을 비치하고 있다고 한다. 남한지역에서 생산되는 중형금고가 소리 소문 없이 중국을 경유해서 북한 지역에 유입 된지가 꽤 오래전부터 있었던 일이다. 북한지역에는 은행이 제 기능을 하지 못하는 이유도 있지만 그것보다는 일정 금액 이상의 돈을 금융기관이 입금하는 경우에는 북한당국에서 자금 출처를 묻거나 확인하는 일이 있기 때문에 대부분 가정에 보관하고 있는데 그 양이 많을 경우 당연히 집안에 현금을 보관할 수 있는 중대형 금고가 필요한 것은 당연한 이치라고 할 수 있다.

북한 개방 초창기에 금고 사업이 대박 나는 사업 중 하나겠지만 그것보다도 금고가 날개돋이 듯이 팔릴 정도라면 북한지역 내에서는 어떤 사업을 해도 성공 가능성이 매우 높을 수 있다는 반증인 것이다.

금고관련 업계에서는 북한이 개방되는 시기를 위해서 지금부터 준비해야 할 것이다.

기능성 운동화

　요즘에는 신발의 종류가 매우 다양해졌다. 신발의 기능에 따라 스포츠화, 산업용 작업화, 기후와 용도에 따라 방한화와 장화, 개인의 취향에 따라 색상이나 디자인이 다른 패션화, 신사화, 고무신 등 종류도 굉장히 많아졌다.

　예전에는 각 기능에 따라 제작된 신발들이 거의 없었다. 설령 몇몇 기능성 신발들이 있었다 하더라도 경제적인 문제로 구입하기 힘들어서 신발에 관심을 둘 정도의 여유가 없었다. 당시에는 장화와 방한화 그리고 고무신과 운동화 또는 구두와 군인들이 신는 군화가 전부였다. 대부분의 경우는 운동화 한 컬레로 등산이나 스포츠 그리고 작업화를 대신했었고, 가죽으로 된 등산화나 군화가 작업화를 대신하는 경우도 더러 있었지만 산업현장에서는 작업화대신 운동화가 대부분이었다.

　필자가 학생이던 시절에는 운동화 한 컬레가 축구나 농구 또는 육상 등의 체육이나 여가활동 그리고 등산과 산책 등 모든 일상생활에서 이루어지는 각 활동을 감당하는 기능을 수행하고 있었다. 1980년대 초 국내 신발 회사들과 해외 브랜드 신발들이 차츰 선을 보이기 시작하면서 각 기능별로 다양한 신발들이 출시되었다. 요즘에는 신발의 기능 뿐 아니라 개인의 개성과 다양한 디자인을 강조한 화려한 색상과 특이한 형태나 모양을 갖춘 기능과 패션이 조합된 신발들이 인기리에 판매되고 있다. 일부 신발 마니아들은 소량 생산되는 신발을 구입한 후 비싼 값에 사고파는 투자의 개념으로 신발을 수집하는 사례도 우리 일상생활에서 이제는 흔히 볼 수 있는 일들이 된지 오래되었다.

　신발의 기능이란? 인간이 활동하는데 발을 보호하고 특정 활동을 적합하게 할 수 있도록 보조하거나 향상시키는 역할을 하는 것인데 이제는 그 기능을 넘어서 화폐적 가치를 수반하는 기능까지 담당하는 시대로 변화되었으니 참으로 재미있는 시대에 살고 있는 것이다.

예전에 북한을 오가며 사업을 했었던 어느 중소기업 대표께서 몇해 전 필자와 사석에서 나눈 대화중 "예전에 북한지역의 산에 갔었는데 그 당시에 나는 등산화를 신고 갔는데 다른 북한 주민들은 일반 운동화를 신고서 산에 오르게 되었고 그들은 운동화를 신고서 산에 오르는 것이 전혀 이상하지 않았지만 오히려 등산화를 신고 갔던 본인이 특이한 신발을 신고서 산에 오르는 것이 이상하고 묘한 기분이 들었다."라는 이야기를 들은 적이 있었다.

북한지역은 아직까지도 필자가 어릴 적 학창시절 때처럼 각 기능에 맞는 신발을 구입해서 신고 다니는 것은 아마도 사치스러운 일이며 사회적 분위기 역시 운동화로 여러 활동을 하는데 특별히 불편함이 없으며 운동화는 닳아서 밑창이 떨어지거나 구멍이 나게 되면 새 신발을 구입해서 신는 것이 일반화된 개념일 것이다.

북한이 개방되면 국내 브랜드는 물론 해외 브랜드 업체 신발들이 물밀 듯이 진입하게 될 것이다. 그 시기가 도래되면 초창기에는 패션이나 투자 같은 신발의 개념보다는 사람들의 각 활동 기능에 적합한 신발들 예를 들면 조깅화, 등산화, 작업화 등 각 기능에 맞는 신발들은 운동화를 대신하여 많은 인기를 얻는 것은 당연한 기정사실이 될 것이다. 특히 걷거나 뛰는데 편한 조깅화나 산업현장에서 위험을 방지해주는 작업화 등은 예상보다 많은 수요가 있을 것이다.

국내브랜드 조깅화를 신고서 아침공기를 가르며 대동강변을 조깅하는 북한주민들 모습을 하루빨리 보았으면 좋겠다는 희망을 가져본다.

내 맘대로 오토바이자전거

북한에는 남한에서 볼 수 없는 목탄 자동차가 있다고 한다. 목탄 자동차는 숯이나 기타 고체 연료를 태워서 생기는 가스를 이용하여 움직이는 자동차로써 보통 목탄차라는 명칭으로 불린다. 이 목탄차는 주로 화물자동차를 개조하여 운행하는데 그 원리는 화물트럭 적재함의 한 칸에 난로와 비슷한 연통과 같은 연소시설을 설치하고 연소과정에 산소공급을 적게 하고 수분을 첨가하면 LPG자동차와 같은 비슷한 구조로 엔진에 연료를 공급하여 운행하게 되는데, 목탄자동차는 석탄이나 나무 등이 주된 원료라고 한다.[10]

위와 같은 목탄자동차는 연료사정이 넉넉지 않고 주유소가 많지 않은 북한에서는 어쩌면 값비싼 최신형 승용차보다 더 효율적이고 필요한 이동수단일지도 모른다. 왜냐하면 운행이나 연료 보급 등의 불편함과 어려움은 많겠지만 연료가 없어 운행 중에 자동차가 멈추더라도 인근에서 나무 등의 땔감 재료를 구하면 언제든지 재 운행이 가능하기 때문이다.

북한이 개방되고 산업화가 시작되는 시기에 북한지역에 많은 인구유입과 그동안 제한적이었던 사람들의 이동이 자유스러워지게 되면 사람들의 왕래와 이동이 많아질 것이다. 그 즈음에 이동 수단으로 우선 자동차도 당연히 많아지겠지만 자동차는 그 값의 문제뿐 아니라, 도로포장여부 역시 제외하더라도 주유소 사정을 염려하지 않아도 되는 대도심 지역을 벗어난 시골 지역에서의 원활한 운행에는 다소 문제가 있을 것이다.

---

10) 인터넷 네이버검색, 검색용어 : 목탄자동차 (2020.1.2)

그 다음으로 오토바이를 들 수 있겠지만 현재 북한 전당포에서 저당 해주는 물품 중에서 귀금속 다음으로 값을 비싸게 쳐주는 것이 오토바이라고 한다. 그만큼 고가의 물품이어서 일반인들이 쉽게 구입해서 이용하기에는 당장에 어려움이 많을 것이다.

목탄자동차와 같이 운행이나 사용상 다소 불편함이 있어도 연료조달이 제한적이지 않고 자동차나 오토바이에 비하여 가격 또한 저렴한 자전거오토바이를 북한 개방 초창기에 진출시키면 좋을 것 같다는 생각이다. 자전거 오토바이는 자전거와 오토바이를 결합한 것으로 평상시는 자전거로 사용하다가 무거운 짐을 싣고 가거나 언덕을 오를 때는 오토바이 엔진을 가동하여 오토바이처럼 엔진의 힘으로 이동하는 편리한 이동수단이다.

길거리에서 가끔씩 볼 수 있는 손수레에 모터를 장착해서 평상시는 사람의 힘으로 수레를 끌다가 짐이 많거나 오르막길 같은 곳을 오를 때는 모터를 가동시켜 엔진의 힘으로 수레를 끄는 반자동 수레와 같이 사람과 기계의 힘을 필요에 따라 번갈아 가며 사용하는 편리한 이동수단인 것이다.

자전거 오토바이는 남한에는 1980년대 초중반에 한참 인기 있는 이동수단으로 이용되었다. 북한주민들의 경제사정과 주유소 그리고 도로사정에 가장 최적인 교통수단으로 바퀴손상 방지를 위하여 자전거오토바이는 "포장된 도로에서 이동은 오토바이로, 비 포장된 도로는 사람의 힘이 필요한 자전거로" 뭔가 뒤바뀐 것 같은 운행 방법이지만 그럼에도 불구하고 정해진 규칙 없이 운전자 편의대로 운행이 가능한 실속 있는 필수 이동수단이 될 것이다.

냉·온수기

남한의 사무실이나 음식점 어느 곳에서나 쉽게 볼 수 있고 편리하게 사용하는 물품이 하나 있다. 그것은 냉·온수기이다. 이제는 우리들의 생활 속에 깊이 묻혀있어서 냉·온수기의 편리성과 그 고마움이 잊혀진지 오래되었고 어느 장소든지 당연히 있어야하는 필수품이 되었다.

냉·온수기는 물을 냉장고에 넣어둘 필요 없이 더운 여름날 시원한 물을 항상 마실 수 있고, 1회용 커피를 비롯하여 차를 우려내고 컵라면을 먹기 위해서 물을 별도로 데우거나 끓일 필요 없이 즉석에서 뜨거운 물을 구할 수 있는 기계로서 한대의 기계에서 냉장고와 물을 끓이는 포트의 두 가지 기능을 갖추고서 동시에 냉·온수를 제공해주는 정말 신기하고 고마운 기계라고 할 수 있다.

부피도 크지 않아 이동이 자유롭고 일상생활에서도 사용하기 편리한 냉·온수기를 북한에 진출시키면 많은 북한 주민들이 편리하게 사용할 수 있고 사랑받는 물품 중 하나가 될 것이다. 다만 북한지역에 충분하게 공급되지 않은 전력사정으로 냉·온수기를 작동하는데 문제가 될 수 있다. 이와 같은 문제를 해결하기 위해서 전력사정이 충분해지는 시기까지 태양광으로 가동되는 냉·온수기를 만들어서 그 수요에 맞추면 좋겠다는 생각이다. 태양광으로 가동되는 냉·온수기라면 북한은 물론 남한에서도 당연히 인기가 많을 것이다. 야외 활동 시에 굉장히 유용하게 사용 될 수 있기 때문이다.

태양광만으로는 충분하게 가동이 되지 않을 경우를 대비하여 태양광 충전

밧데리를 이용해서 냉·온수기를 이용할 수 있도록 개발을 하고 냉·온수기 기계장치 내부에 데우거나 차갑게 해놓은 기계속의 물을 장시간 사용하지 않을 경우 기계의 전원이 잠시 꺼졌다가 물을 배출하게 되면 다시 전원이 작동하는 절전 기능을 갖춘 냉·온수기를 개발해서 판매한다면 굉장히 많은 수요가 있을 것 같다.

전력사정이 원활하지 않은 북한주민들의 편리한 생활을 위하여 관련업계에서는 태양광으로 작동되고 태양광으로 충전된 배터리로 가동이 될수 있는 절전형 냉·온수기를 개발하여 진출시킨다면 굉장히 많은 판매와 사랑을 받게 될 것이다. 업계의 개발노력을 당부드리고 싶다.

대장간의 대장장이가 되어라

북한의 농토는 경작은 할 수 있어도 공식적으로 매매나 개인적으로 사유화는 할 수 없는 구조이다. 그러나 최근 들어서는 개인들이 토지에 경작을 해서 수확물의 일부만 세금으로 납부하고 나머지는 개인이 소유를 할 수 있는 제도가 시행되었다고 한다. 그런 연유로 북한 주민들이 공동으로 일하는 협동농장의 수확물은 형편없이 작아도 개인 집안마당이나 심지어는 지붕에까지 농산물을 수확하는 일에는 더욱 열성적이라고 한다. 왜냐하면 집안에서 생산한 농산물은 개인 소유를 인정하기 때문이다.

모든 농사의 기본은 비옥한 토지도 중요하지만 그 해의 기후가 가장 중요한 관건이라고 할 수 있다. 북한지역의 농사 역시 우선적으로 기후의 영향이 매우 중요하지만 그 외에 농사에 필요한 비료나 농기구가 절대적으로 많이 필요한 상황이다. 특별한 경우를 제외하고는 기후는 대체적으로 예측이 가능하지만 농사를 짓는데 필요한 물품은 예측한다고 해서 해결되는 일이 아니기 때문이다.

남한의 경우 과학영농이라고 해서 농사의 많은 부분을 기계가 사람을 대신하고 있다. 농기구나 비료, 농약의 문제는 거의 없다고 해도 과언이 아니다. 농사를 짓는 사람의 일손이 부족하기 때문에 이를 기계가 대신하고 있는 실정이다. 반대로 북한의 경우는 농사를 짓는 일손은 많은데 농사를 지을 땅과 농기구와 비료 그리고 농약이 절대적으로 부족한 실정이다.

남북한 간 교류가 활성화 되었을 시기에 북한지역에 농산물의 자급자족을 위한 과학영농기법 전수도 필요하겠지만 우선적으로 농사를 짓는데 기본적으로 필요한 삽, 낫, 호미, 괭이 등부터 지원되어야하고 그후 제초제 등 농약과 비료가 필수적으로 함께 들어가야 할 물품들이다. 또한 제초기나 개량 농기구 및 농기계 그리고 드론 등으로 농약을 살포하는 첨단 농기계를 이용한 과학 영농도 진출해야할 중요한 항목들이다. 그러나 북한지역에 농업분야의 산업화가 이루어질 때까지 농사를 지을 수 있는 많은 인력들이 최소한의 자급자족을 실현하도록 지원하는 방안은 농기구와 농기계 등을 최우선적으로 북한지역에 진출시키는 것이다.

국내 농기구 관련 생산 회사와 판매 상인들은 농사를 짓는 데 기본적으로 필요한 농기구는 물론 기존 농기구를 편리하게 제작한 개량형 농기구를 북한지역에 대량 투입시켜야 할 것이며, 주로 호미나 낫 등 대중적으로 많이 사용하는 농기구는 대장간이나 철공소에서 제작함에 따라 북한지역의 솜씨 좋은 인력들을 통해서 현지에서 기본적인 농기구를 직접 생산하는 시스템을 구축하는 것도 북한지역에서 성공할 수 있는 사업 중 하나라고 할 수 있다.

한국에서 생산된 호미가 전 세계 농부들의 인기 있는 농기구중의 하나라고 한다. 통일 한국 시대에 손재주가 좋은 북한 기술자들이 만든 호미 등 농기구를 해외로 수출하는 기분 좋은 상상을 해본다.

목재소 톱밥

　북한지역의 자강도 덕암리와 고성리 일대에는 풍부한 삼림자원이 있는 지역으로 그 지역에는 목재소 등의 나무가공 공장들이 있는데 그곳에서는 목재를 건축에 필요한 합판을 주로 생산하고 목재로 합판을 켤 때 나오는 톱밥은 거의 대부분 재가공 하지 않고 버려지고 있다고 한다.

　남한에 정착한 자강도 출신이나 그 지역 현황을 잘 알고 있는 탈북민들은 한목소리로 그곳에서 버려지는 톱밥을 재활용하면 좋을 것이라며 아무 쓰임새 없이 버려지는 것이 매우 안타깝다는 이야기를 필자는 몇 차례 들었던 적이 있었다.

　위의 지역에 얼마나 많은 양의 톱밥이 재활용되지 못하고 버려지거나 방치되는지는 확인할 수 없지만 탈북민들의 증언으로는 굉장히 많은 양이라고 한다. 남한의 기업이 진출하는 시기에 나무를 가공할 때 생기는 톱밥이 많이 배출되는 자강도 지역에 건축자재로 활용되는 톱밥을 압축한 패널(판넬)을 생산하는 공장이나 나무톱밥을 압축하여 다양한 제품을 만드는 톱밥 가공업체가 진출한다면 좋을 것 같다.

　합판공장에서는 손쉽고 값싼 재료를 조달하여 패널 등을 생산하여 북한지역에서 남북교류이후 많이 필요로 하는 건축자재를 조달할 수 있으니 물류비나 판로에 대한 부담이 훨씬 줄어들 수 있을 것으로 본다.

　다음으로는 패널공장이외에 버섯의 종균을 심어서 버섯을 재배하는 버섯배지 제조업에 대해서 이야기 하고자 한다. 전통적인 버섯재배 방법은 참나무 등에 구멍을 내고 그곳에 버섯 종균을 투입하고 상당기간이 지나면 버섯이 생산되는 것이 전통적인 방법이다. 그러나 빠른 시간에 버섯을 재배하여 가정의 식탁이나 버섯 전문 요리점에 납품하는 버섯을 재배하는 버섯양식 방법은 톱밥을 주 원료로 하여 버섯을 기르는 버섯배지를 이용하여 버섯을 생산하고 있다. 버섯배지는 가정에서도 직접 버섯 재배가 가능하고 전문 식당에서도 대량으로 버섯배지를 이용하여 버섯을 직접 생산하는 경우도 상당히 많다.

북한지역의 기후와 환경은 남한에 비하여 더없이 좋은 버섯을 생산 할 수 있는 지리적 위치를 가지고 있다. 특히나 산악지역이 많고 기후는 버섯을 재배하기에는 적합한 지역이 많으므로 북한 현지에서 키우는 재료를 북한지역에서 생산하여 소비를 하여도 좋겠지만 전량소비가 어렵다면 남한으로 보내어도 소비가 가능할 수 있으니 사업적으로 경제성은 충분하다고 할 수 있다. 또한 버섯배지는 만들 때 추가되는 부산물 역시 쌀겨, 목화 솜 찌꺼기, 사탕수수 부산물, 비지 찌꺼기 등 순 식물성으로 만들었기 때문에 사용이 다한 폐 버섯배지는 거름으로 사용이 가능하므로 유기농비료 재료로도 재활용이 가능한 친환경 사업모델이라고 할 수 있다.

몸도 상쾌 마음도 상쾌

필자가 어렸을 적에는 몇 가지 연중행사가 있었다. 그중 한 가지는 대중목욕탕에 가는 것이었다. 당시에는 한옥집이 대부분의 주택이었고 목욕탕시설이 충분하지 못했기 때문에 대중목욕탕은 더운 여름철이 지나고 날씨가 선선해지면 가기 시작하는데 특히 명절을 앞두고서 꼭 가는 곳 이었다. 추석과 구정 그리고 몇 차례 가는 대중목욕탕은 어렸기 때문에 뜨거운 탕 속의 물도 싫었고 나이가 어려서 연한 피부 탓인지 때를 밀면 아파서 목욕탕에 가는 것이 무척이나 싫었다.

시간이 흘러 어느 순간부터 대중목욕탕은 연중행사가 아니고 몸을 청결하게 하기위해서 자주 가는 곳으로 인식이 바뀌어 있었다. 목욕탕에 가면 항상 이태리 타월인 때밀이 수건으로 몸의 때를 힘껏 벗겨내는 세신을 열심히 하면 개운한 반면 온몸이 얼얼하였다.

시간이 좀 더 흘러 이제는 대중탕을 주로 이용하지 않고 집안에서 자주 씻는 경우가 많아졌다. 그러다보니 때를 미는 세신을 자주하지 않게 되어서 몸은 청결하지만 뭔가 개운하지 않다는 느낌이 많았다. 그 시점에 때 비누가 출시되었다. 때 비누를 사용하면 대중목욕탕에서처럼 때를 벗겨내는 세신을 힘주어 하지 않아도 때 비누로 온몸에 비누칠을 하면 신기할 정도로 때가 많이 나오곤 하였다. 때 비누는 당시에 많은 사람들의 욕구와 필요성을 충족시켜주는 시의적절한 상품이었던 것이다.

목욕탕에서 때를 미는 세신 활동을 하는 민족은 유일하게 한민족밖에 없다고 하는데, 요즘에는 한국에 방문하거나 거주하는 외국인들이 많아져서 목욕탕에서 세신을 즐기는 외국인이 많아졌다고 한다.

북한지역은 남한에 비하여 추운지역이다 보니 아무래도 씻는 문제가 쉽지만은 않을 것이다. 더더구나 평양을 비롯한 일부 대도심에 있는 아파트를 제외하고서는 한옥주택이 대부분인 북한의 경우 집안에서 자주 씻는 것도 어렵고 씻는다고 해도 대중목욕탕에서처럼 충분하게 세신을 하는 것 조차 쉽지 않을 것이다.

세신을 많이 하지 않아도 때가 자연스럽게 제거되는 때 비누는 북한지역에 참으로 필요한 생필품일지도 모르겠다는 생각을 해보았다. 고체 형태의 때 비누가 Clean Shower라는 액체의 스프레이식 때 비누로 탄생되어 시중에 판매되고 있다고 한다.

북한지역에 들어가야 할 여러 상품들도 많을 텐데 하필이면 때 비누 일까? 라고 웃음 짓거나 의아해 할 수도 있겠지만 필자의 생각으로는 거친 환경 속에 굳어져버린 각질이나 몸의 때를 제거하는데 유용한 때 비누야 말로 북한지역 주민들의 필수품이 아닐까? 라는 생각을 하였다.

"등잔 밑이 어둡다."라는 옛 속담이 있다. 우리가 남북이 개방되고 여러 물자가 남북한 간을 오고 갈 때 첨단제품을 비롯하여 다양한 고가의 제품들로만 가득할 것이라는 생각을 하겠지만 이곳 남한의 일상생활에서 사용되는 사소한 물품일지라도 북한주민들에게는 꼭 필요한 것이 될 수도 있을 것이다. 필자는 그런 필수품중의 하나로 때 비누를 추천하고 싶다.

북한이 더 덥다

최근 몇 년 전부터 예년에 비하여 여름이 길어지고 평균 기온도 많이 상승하고 겨울 기간은 짧아졌으나 추위는 더 강해진 것 같다. 가뭄도 매년 반복되고 비가 내려도 게릴라 호우같이 순간적으로 많은 비가 내린 후 그 다음에는 계속 가뭄 상태가 지속되고 있는 실정이다. 이러한 현상들 모두 지구 온난화가 가져온 결과로서 남북한 모두 지구온난화에 모두 자유스럽지는 않다.

북한은 겨울철에 무척 춥다고 한다. 가령 남한에서 강원도 최북단 지역이 겨울철에 제일 추울 때가 영하 40℃ 라고 한다면 위도 상으로 남한의 위쪽에 있는 북한 지역의 겨울철 중 제일 따뜻한 지역이 영하 40℃ 라는 계산이 나온다. 또한 여름철 날씨의 경우에도 북쪽 지역에 비하여 상대적으로 남쪽 지역이 더 더운 것이 일반적인 현상이다. 그렇다면 한 여름철 남한지역에서 제일 덥지 않은 강원도 최북단의 날씨가 영상 20℃ 라고 한다면 겨울철과 마찬가지로 북한 지역의 제일 더운 지역의 날씨역시 영상 20℃이고 그 외 북쪽 지역은 그 이하여야만 논리적으로 맞는 것 이다.

탈북민들의 이야기를 들어보면 북한지역이 남한지역보다 상대적으로 더 덥다고 한다. 이론상으로는 이해가 되지 않지만 그 이유는 아주 간단했다. 북한지역이 남한에 비하여 더 더운 이유는 북한에는 첫째로 땔감용으로 벌목을 많이 해서 민둥산도 많고 그 영향으로 그늘진 곳이 많지 않다는 것이다. 둘째로 건물들이 많지 않아서 더위를 피할 수 있는 공간이 많지 않다. 셋째로는 전력 사정이 좋지 않아서 건물 안에 들어가도 냉방기가 없거나 가동되지 않아서 시원하지 않다. 넷째 가정에서도 선풍기나 냉장고 등의 더위를 피할 수단이 많지 않다는 것이다. 다만, 도로가 포장되지 않은 곳이 많아서 복사열이 남한에 비해 상대적으로 높지 않을 뿐, 더위를 식혀줄 정도는 아니라는 점이다. 이런 현상은 겨울철에도 마찬가지 상황이라는 것이다.

남한은 더위를 피할 수 있는 건물 안 이나 커피숍 같은 곳이 많고 시골에도 나무가 많아서 그늘도 있고 각 가정에 선풍기나 냉장고 등이 있어서 더위를 이겨내는 데 그다지 어렵지 않다는 이야기다.

그렇다면 남북 교류가 왕성한 시기에 북한지역에 냉·난방 기기가 많이 판매 될 가능성이 높다고 볼 수 있으나 그것은 조금 시기상조일 것 같다. 우선 민둥산 등에 식목을 통한 조림사업도 해야겠지만 냉·난방 기기를 사용할 전력이 충분하게 지원되어야하고 냉·난방기기 전자 제품을 구입하는 데 드는 그 비용 또한 당장에 무시할 수 없기 때문이다.

그렇다면 남한에 비하여 상대적으로 덥고 추운 지역에서 냉·난방기기 보다는 여름철에 땀이 많이 나고 겨울철에는 추위가 심하기 때문에 이를 다소나마 완화시킬 수 있는 기능성 의류의 진출이 우선 시급하다고 본다.

여름철에는 땀 배출이 잘되고 통기성이 좋은 쿨 맥스(Coolmax) 성분의 여름 의류와 겨울철에는 발열 내의와 방수방풍과 땀 배출 기능이 탁월한 고어텍스(GORE-TEX) 종류의 의류가 북한에 진출하면 좋겠다는 생각이다. 예전에는 위의 소재들의 의류가 굉장히 비싼 시기가 있었지만 이제는 대중화되어 이런 종류의 기능성 소재 의류들이 생각만큼 크게 비싸지 않은 것이 다행스러운 일이 되었다.

발열과 방냉 및 방풍 기능이 있는 특수 소재 의류생산 업체는 쌓여 있는 재고를 덤핑으로 처리하기 보다는 자금 회전에 문제가 발생되지 않는 범위 내에서 재고를 처분하지 않고 최대한 창고에 저장하여 머지않아 열릴 북한 시장을 준비하면 좋을 것 같다는 생각이다.

북한 진출물품 1순위는 소화기

필자가 어릴적에는 지역 의용소방대로 활동하는 아저씨들을 많이 볼 수 있었다. 지금도 〈의용소방대 설치 및 운용에 관한 법률 시행규칙〉에 의거 지역의용소방대가 운영 중에 있다. 의용소방대는 비상근으로서 소방활동상 필요에 의하여 소집된 때에는 출동하여 소방본부장 또는 소방서장의 소방업무를 보조하는 자발적인 민간봉사단체를 말하는 것이다.

남한은 예전에 비해 소방서도 많아졌고 화재 시 대처요령이나 소화기 사용법 등 화재관련 교육도 직간접적으로 다양한 매체를 통해서 학습되어 있을 뿐 아니라, 초기에 화재를 진압할 수 있는 스프링클러를 비롯 소화기들이 많이 비치되어 있어서 그나마 크고 작은 화재들을 초기에 진압할 수가 있다.

북한지역의 경우는 난방을 비롯하여 음식 조리를 할 때에도 직접 불을 다루는 땔감 등을 많이 사용하고 있고, 많은 주택들이 화재에 취약한 목재로 지어진 한옥 형태의 주택이 많기 때문에 화재가 발생할 확률이 굉장히 높다고 할 수 있다. 그리고 지역별 소방서 설치도 많지 않을 수 있고, 화재 발생 시 우리의 지역별 의용소방대나 이웃 주민들이 물을 직접 퍼가지고 화재를 진압하는 것이 대부분일 것이다. 이러한 형태는 과거 남한의 상황과도 거의 비슷하다고 할 수 있다.

남과 북이 교류를 시작하고 통일이 된 후에 북쪽에 도시가스나 전기가 많이 보급되어 난방이나 조리 등을 도시가스나 전기로 해결할 수 있게 되기까지는 아마도 상당한 기간이 소요될 것이다. 교류가 시작되고 남한의 물품 중 특히 전기, 전자제품이 많이 유입되게 되면 전기 과열과 낡은 전선으로 많은 전기를 사용하다 보면 그만큼 화재발생 확률도 높아지는 것은 당연한 사실이다.

다른 장에서 소개했듯이 가정집 전기배선 교체가 필수적이라고 한 것처럼 소화기나 기본적인 소방시설 또는 연기가 많이 발생될 때 화재경보기 등 화재 예방이나 진압장비 특히 가정용 소화기는 필수적인 물품 중 하나라고 할 수 있다.

북한의 주택들도 남한의 주택들과 마찬가지로 주택단지가 한곳에 밀집되어 있기 때문에 화재가 발생하면 많은 주택이 화재로 소실되고 그 피해 또한 굉장할 것이다. 주택을 포함하여 건설이나 건축에 필요한 여러 건축자재도 당연히 북한에 진출해야 하는 중요한 물품 중 하나이겠지만 그보다 최우선적으로 먼저 진출해야 하는 것이 소화기 제품일 것이다.

그 이유는 화재가 발생하여 이재민을 보호하고 관리하기 위해서 지원하는 비용보다는 예방하는 방법을 알려주고 예방 도구를 지원하는 것이 훨씬 경제적이기도 하고 당연하게 선행되어야 할 중요한 일이기 때문이다.

남과 북의 활발한 교류가 시작되기 전에 지금까지 거의 일반적이라고 할 수 있는 인도적인 물품 즉 식량, 분유, 의약품 등을 보내고 있지만 그 이외에 전략자산으로 전용 우려가 있어 금지물품 대상이 아니라면 소화기를 반드시 포함시켜 지원하면 좋겠다는 생각을 자주해보곤 했다. 그만큼 소화기는 북한주민들 조차도 인식하지 못했던 어쩌면 그들에게 식량만큼 꼭 필요한 필수품인 것이다.

불경기가 호황인 간판업

　필자가 예전에 은행에 근무하면서 동료들과 종종하던 이야기 중에 불황기에 접어들면 호황인 업종이 있는데 그중 대표적인 업종이 간판을 제조하는 간판업이라고 말하곤 했다. 이를 뒷받침 하고 제시할 만한 정확한 통계나 자료는 없지만 은행원들의 경험 속에서 나온 이야기인 만큼 전혀 근거 없는 이야기도 아닌 것이다. 그 이유는 경기가 불황기에 접어들면 많은 상점들이 문을 닫게 되고 그 뒤를 이어 새로운 상점들이 들어서게 되는데 이때 업종이나 상호가 바뀌기 때문에 간판업이 호황을 이루게 된다는 것이다. 참으로 서글프면서도 환영할 만한 현상이지만 어쩌면 이런 현상이 경제원리가 아닌가 싶다.

　예전의 간판은 간판점에서 직접 나무틀에 양철을 얹고 그 위에 페인트글씨로 그림 그리듯 상호를 써넣거나 글씨 모양을 만들어 붙이는 방법으로 간판을 제작하였다. 그 후 네온사인 등으로 글씨를 만들어서 간판을 만드는 방법으로 발전하여 상점마다의 상호들이 눈에 띄도록 제각기 빛나는 아이디어를 발휘하여 각자 나름대로의 멋을 내어 상호들이 눈에 띄도록 제작하였다. 최근에는 간판을 하나의 큰 통처럼 만들어서 공기를 주입하고 그 안에 형광등을 설치하여 어두운 밤에도 네온사인 못지않게 상호를 환하게 비추어주는 간판에서부터 LED 등을 이용한 다양한 기능이 첨가된 간판으로까지 발전하게 되었다.

　간판의 고유 기능이라 할 수 있는 상호를 알리는 것뿐 아니라, 제작방법과 다양한 종류에 이르기까지 간판제조 산업도 매우 발전하였다. 이렇듯 첨단

자동화 시스템을 갖춘 간판제조 기술을 보유한 국내 간판업계가 남북한 간의 교류시작과 함께 북한에 진출하게 된다면 불황기에만 호황업종이라는 이론을 뒤집게 될 수 있을 것이다. 호황 속에서 호황을 맞는 간판업! 이라는 새로운 이야기가 생겨날 수 있는 계기가 될 것이다.

북한에서 영업을 하던 기존 상점주를 비롯하여 남한에서 북으로 진출한 여러 업체들이 서로 앞 다투어 영업을 개시하는 즈음에 상호를 홍보하고 알리는 간판 등 홍보용품의 제작은 영업에 꼭 필요한 필수품이기 때문이다. 지금의 북한거리에 남한의 간판 등 홍보물이 설치된 모습을 연상해 보면 다소 생경스러워 보이겠지만 필자는 북한이 개방된 통일이후 북한거리 상점마다 상호를 알리는 간판을 비롯하여 에어간판 등과 같은 홍보물이 곳곳에 설치되어 있는 광경을 생각하면 잠시나마 이미 통일이 되었다는 착각 속에 빠지곤 한다.

연탄공장 이전을 서둘러라

북한지역의 주택들에서 거의 대부분 조리나 난방을 위해 사용되는 재료는 땔감으로 사용하는 화목이 그 첫째이고 두 번째가 석탄을 가루 내어 버무려 만든 연탄(구멍탄)이 그것이다. 그 외에 가스도 있지만 부유한 일부 계층의 경우에 가스를 사용한다고 한다. 왜냐하면 북한에서 가스로 난방을 이용하는 경우 한 달 정도 기간 동안 사용되는 가스 비용금액이면 유달리 긴 겨울철을 석탄이나 화목으로 이를 대신하는데 충분하다고 한다.

필자도 어릴적 시절기억을 더듬어 보면 겨울철이 다가오면 부모님께서 겨울철 김장을 담그듯 인근 연탄가게에 부탁하여 겨울철 난방용 연탄을 미리 구입하여 연탄창고에 가득 쌓아서 저장해 놓곤 하셨다. 당시 겨울철 난방 수단은 연탄이 대부분이었기 때문에 수요가 워낙 많아서 평소에 연탄가게 사장님과 친분관계가 좋지 않으면 돈을 주고서도 쉽지 않았을 정도였다. 언젠가는 연탄공급이 원활하게 되지 않아서 가정마다 일정량을 배급할 정도여서 연탄을 충분히 구입하지 못한 적이 있었는데 아주 먼 곳에 있는 연탄공장에서 아는 분을 통해 어렵게 연탄을 구입한 적이 있을 정도로 당시에는 연탄은 아주 중요한 필수품 이었다.

연탄 창고에 연탄을 가지런히 보관하여야 하는데 그렇지 못한 경우 연탄을 쌓아놓는 장소에서 연탄이 무너져서 깨져버린 경우 사용하지 못하고 연탄창고 구석에 부서진 연탄들이 쌓여 있는데, 당시에 파손된 연탄을 대상으로 연탄 틀과 커다란 나무망치를 가지고 다니면서 부셔진 연탄을 다시 고르게 분쇄하여 물과 함께 버무려 반죽을 하고 연탄재생 틀 속에 연탄가루 반죽을 넣고서 틀의 두껑을 덮은 다음 그 뚜껑 위를 커다란 나무망치로 힘껏 내리쳐서 연탄을 단단하게 성형하여 재생탄을 만들어 주며 그 대가로 생활하시는 분들도 있었다.

북한지역에서 가장 많이 생산되는 지하자원중의 하나가 석탄이라고 한다. 이런 석탄을 가지고 북한의 가정에 난방과 조리 등을 전부 책임지지 못하는 것은 연탄이 나무에 비하여 값이 비싸기 때문일 것이다. 그로인해 북한의 산들이 점점 민둥산으로 변해가고 있고 계절이 바뀌어 겨울산의 눈이 녹는 봄이나 비가 많이 내리는 여름에는 홍수 등의 자연재해로 인하여 북한주민들은 많은 피해를 입는 악순환의 고통을 계속 되풀이 해가며 어려움을 겪고 있다.

과거에 활성화되었던 남한의 연탄공장들이 하나둘 그 자취를 감추게 되었고 마땅한 판로가 없어 문을 닫고 있어 연탄공장에서 일하는 종사자들의 경우 실직으로 연결되는 어려움을 겪는 결과를 가져오게 되었다. 이런 공장의 시설들을 수요가 많은 북한으로 이전하여 많은 양이 생산되는 원탄을 저렴하게 구입하여 연탄을 남한에서보다 값싸게 생산하여 공급한다면 판매처나 구입자가 급감한 남한의 연탄생산 공장은 궁극적으로 경영난 타개는 물론 예전의 활기찬 연탄생산 공장의 모습으로 재탄생 할 수 있을 것이다.

남한의 연탄공장이 북한지역으로 장소를 이전하여 연탄을 생산한다면 연탄공장의 재활과 함께 공장 종사자들도 실직의 어려움에서 벗어날 수 있는 즐거운 일이 될 것이다. 이제 머지않아 도래될 북한개방 시대를 위해 공장이전 계획을 지금부터 차근차근 준비한다면 머지않아 예전처럼 연탄을 생산할 때 나는 힘찬 기계소리를 북녘땅에서도 듣게 될 것이다.

움직이는 연탄불

나무나 연탄 등 땔감으로 가마나 방, 솥에 불을 때기 위하여 만든 시설을 아궁이라고 한다. 그러나 난방의 목적이 아닌 음식조리나 물 등을 끓일 목적으로 솥을 걸기 위하여 쇠나 흙으로 아궁이처럼 간단히 만든 물건은 화덕이라고 한다. 화덕의 땔감은 주로 나무나 연탄을 사용하는데 땔감의 종류에 따라 모양이나 만드는 방법에 차이가 있다.

북한에서는 땔감으로 주로 나무나 석탄을 사용하는데 석탄의 경우 별도로 가공하지 않고 원탄자체를 사용하는 경우와 가공한 연탄(구멍탄)을 사용하고 있다.

필자가 어릴 적에 겨울철 전후로는 아궁이를 여름철에는 화덕을 이용하여 음식을 조리했었다. 여름철에 아궁이에 연탄불을 때는 경우에는 방안이 너무 덥기 때문에 아궁이를 이용하지 않았고, 겨울철에는 난방과 조리를 겸하였기 때문이었다. 연탄을 사용하는 아궁이나 화덕 모두 공기구멍이 있는데 필요시 공기구멍 크기를 조절하거나 개폐하여 화력을 조절하는 기능을 하였다.

북한 개방 시에 첨단제품들이 북한으로 많이 진출하겠지만 필자는 상대적으로 전통적인 제품인 연탄화덕에 주목해보고자 한다. 연탄화덕은 양쪽에 손잡이가 있어서 가까운 장소로의 이동은 가능하지만 멀리 떨어진 곳은 그무게가 많이 나가는 물품이라서 이동이 어려워 수레 등에 싣고 다녀야만 이동이 가능할 정도이다.

이러한 연탄화덕에 이동식 수레바퀴를 장착하여 제작하거나 수레바퀴가 달린 이동식 도구만을 별도로 제작하여 판매하는 방안을 제안해 보고자 한다. 북한지역에 개방의 바람이 불게 되면 많은 주민들이 장사에 나설 것이다. 완제품으로 생산된 공산품 등을 판매하는 경우는 화덕이 필요 없겠지만 그 이외에 조리를 하거나 물을 끓여서 음료나 차 등을 판매하는 경우에는 이동식 화덕을 이용하여 음식이나 차 등을 판매하고 장사를 마친 이후 저녁에 거주지까지 편리하게 화덕을 이동시켜 남아있는 잔불의 화력을 이용하여 음식을 조리하거나 난방용으로 사용할 수 있는 편리한 이동식 화덕을 제작해 보면 좋을 것 같다. 더더구나 북한의 많은 지역이 도로포장이 되어 있지 않아 화덕에 큰 바퀴가 달려있다면 나름대로 이동이 편리할 것이다.

남한의 경우 연탄의 뜨거운 불 맛으로 음식을 굽거나 조리하는 몇몇 음식점 등의 경우를 제외하고는 대부분의 식당에서는 가스 연료를 사용하고 있다. 그러나 개방 초기 북한 지역은 어느 정도 세월이 경과하기 전까지는 난방이나 조리 등에 필요한 연료를 나무나 석탄류의 연탄을 사용할 수밖에 없을 것이다. 왜냐하면 가스가 일반가정이나 시장 등의 장소에 원활하게 공급되기까지 시간도 필요하겠지만 그 보다도 비싼 비용이 그 첫째 이유이기 때문이다.

북한개방 초창기에 많은 경제 활동들이 이루어지겠지만 그중에서도 특히 길거리나 장마당에서 일반 주민들의 영업 활동이 두드러지게 많아질 것이다. 이때에 필요한 화력을 이동식 연탄 화덕이 감당해 준다면 북한주민들의 소득증대와 함께 서민들에게 가장 인기 있는 상품 중의 하나가 될 것이다.

위폐 감별기

필자는 과거 금융기관 재직 시에 지폐 계수기를 많이 사용하였다. 지폐 계수기는 돈을 세는 기계를 말하는데 바쁜 시간에는 사람이 돈을 세는 것보다 빠르고 정확하게 돈을 세어주어서 굉장히 편리한 기계이다. 그밖에 위조 지폐와 진짜 지폐를 구분해주는 외화 위폐 감별기가 있다. 위조 외화는 국내에서 자주 사용하는 화폐가 아니다 보니 전문가가 아니면 쉽게 구별하기가 어려워 위폐 감별기를 통해서 진폐와 위폐를 구별해내고 있었다.

필자가 과거 근무하던 은행에서 위폐 감별기를 대량으로 조달하는 과정에 위폐 감별기 성능을 테스트하여 그중 성능이 우수하고 가격이 저렴한 업체의 기종을 선택해서 구입하기로 하였다. 그래서 국내 6개의 생산 업체로부터 납품 예정 제품들을 1대씩 제공받아 위폐 감별 테스트를 시연하기로 하였다. 그런데 중요한 것은 위폐 진본을 구할 수가 없어서 고민하던 중 정보기관에 협조를 요청하여 정보기관 담당자 입회하에 위폐 감별 테스트를 시연하였다. 당시 달러 위폐인 슈퍼노트를 집중적으로 점검한 결과 6개 업체 기계 중 2개만 슈퍼노트를 걸러내고 나머지 4개 업체의 기계는 슈퍼노트를 걸러내지 못하였던 적이 있었다.

진폐나 위폐 감별은 금융기관에서 1차적으로 걸러줘야 하는데 북한지역은 금융기관이 많지 않을뿐더러 금융기관에도 위폐감별을 할 수 있는 기기들이 충분하게 보급되어 있지 않은 실정이다. 남북이 교류되고 많은 상거래들이 발생할 경우에 북한지역에는 내화(북한돈) 거래에 비해 외화(외국돈) 거래가 상당히 활발한 편인데 그중 거래되는 상당수의 외화 중에 위폐가 많이 포함되어 있을 것이라는 가능성을 배제 할 수는 없다. 왜냐하면 북한 내의 대다수의 상인들이 은행을 통해서 돈을 맡기고 거래한다면 은행에서 위폐를 걸러줄 수도 있겠지만 금전을 개인이 직접관리를 하다 보니 위폐를 걸러줄 기회가 없이 위폐와 진폐가 섞여 함께 유통되고 있다고 할 수 있다.

향후 남북이 개방되어 남한지역에서 많은 상인들이 북쪽으로 진출하고 북한지역의 상인들도 남쪽으로 와서 상호 물품을 매매하고자 하는 경우 그 결재수단을 외화로 희망하는 경우에 매 거래 시마다 화폐의 진위 여부를 금융기관에서 확인하기에는 어려움이 많을 것이다.

최근에는 성능이 많이 좋아져서 대부분 위폐는 전부 걸러낼 정도로 국내 생산업체 기기들의 성능이 많이 향상되었다고 한다. 아울러 외화 위폐 감별은 물론 지폐를 세어주는 지폐 계수기 기능까지 겸하는 복합기가 개발되어 많이 사용되고 있는 중이다. 대량의 지폐를 세는 경우에는 계수기가 별도로 필요하겠지만 그렇지 않은 일반 중소 상점에는 위폐 감별기와 계수 기능까지 있는 복합기로도 충분할 것이다.

남한의 지폐 계수기 역시 북한지역으로 많이 들어가고 있다고 한다. 그만큼 경제가 활성화되고 그에 따라 화폐 유통량이 많다는 증거이다. 그 화폐 중 상당히 많은 부분이 외화거래로 이루어지고 있으니 성능이 좋은 위폐 감별기는 북한 개방시에 필수적으로 필요한 물품이 될 것이다. 위폐 감별기 및 지폐 계수기 관련 업체에서는 성능을 향상시키고 기능이 다양한 기계 개발과 함께 남북한 개방을 대비하여 양산 준비를 하면 좋겠다는 생각이다.

자동펌프

북한지역 상하수도 시설의 노후화로 식수공급이 원활하지 않다고 한다. 2018년 유니세프(Unicef DPRK) 발표에 의하면 북한에서 개선된 먹는 물 수원에 접근 가능한 인구가 93.7%에 달하고, 이중 수도꼭지를 통해 공급받는 인구는 58.5%라고 전했다. 수도시설을 충분하게 설치하거나 낡고 파손된 수도관 등의 개보수가 제대로 이루어지지 않는 것은 북한의 경제난으로 인한 어려운 국가재정 탓이 가장 큰 이유일 것이다.

도시의 경우와 비교하면 농촌은 더욱더 심각한 수준으로 재래식 우물로 식수를 보충하는 것이 거의 대부분일 것이다. 시골의 경우는 도시와는 달리 당 간부 등 상류층 계급 주민들이 거주하는 경우가 극히 드물고 무분별한 벌목으로 인해 민둥산이 늘어나고 있으며, 물을 가두어둘 수 있는 새로운 저수지 마련도 여의치 않을 뿐 아니라, 사람이나 가축의 분변 등으로 오염된 지하수를 마시게 되는 경우가 많아서 이로 인한 전염병이나 질병이 많이 발생하고 있다고 한다.

필자가 어릴 적에 시골에 가면 우물에 두레박질을 해서 물을 길러 와서 식수 등으로 사용하였고 도심에 가면 거의 집집마다 우물에 긴 관을 묻고 우물 뚜껑을 덮은 후 주물로 제작된 수동 펌프로 우물 속의 기다란 관과 펌프를 연결하여 펌프 손잡이를 잡고서 위에서 아래로 당기고 내리는 펌프질을 지속적으로 하여 물을 퍼 올리기도 하고 펌프 속에 물이 빠져있으면 물을 펌프에 조금씩 부어주면서 빈 펌프질을 반복적으로 하면 펌프와 우물속의 물이 다시 연결되어 펌프 입에서 물을 쏟아내곤 하였다.

생활이 점차 나아지고 여러 전자 제품들이 많이 나오기 시작하면서 전기의 힘을 이용하여 자동으로 물을 퍼 올리게 하는 자동펌프가 출시되었다. 1968년 신한일전기㈜로 탄생하여 가수 서수남과 하청일의 노래와 광고로 더 기억되고 익숙하게 홍보가 되었던 한일 자동 펌프는 아직도 국내 자동 펌프계의 일인자의 그 지위를 굳건하게 유지하고 있다. 손으로 물을 퍼 올리던 수동 펌프에서 수도꼭지만 틀면 물이 항상 콸콸 쏟아져 나오는 자동 펌프는 도시와 시골을 막론하고 굉장히 인기가 좋은 제품이었다.

북한도 개방이 되면 과거에 필자가 한일 자동 펌프를 보면서 신기해 하면서 사용했던 것처럼 북한주민들에게 신기함과 그 편리성을 선물하고 싶다. 자동펌프를 설치하면 편리함과 더불어 우물 뚜껑을 덮고서 설치하게 되므로 보건·환경 측면에서도 매우 좋을 것이다. 그러나 예전의 남한이 그랬듯이 북한은 현재 전력생산이 충분치가 않아서 자동펌프가 있더라도 가동하는 데 어려움이 따를 것이다. 따라서 태양광 패널로 전기 동력을 구하여 자동펌프를 가동할 수 있는 태양광 자동펌프가 시급하게 개발되어야 할 것이다. 태양광으로 얻은 전력을 가지고서 전기 펌프를 불편 없이 가동하는 친환경 및 친자연 전기펌프를 공급하여 북한주민들 모두 부족함 없이 깨끗한 식수와 충분한 생활용수를 사용할 수 있도록 관련 업체에서 태양광 전기를 이용한 고효율의 자동펌프를 생산하기 시작했다는 기쁜 뉴스를 하루빨리 접해보기를 기대해 본다.

초코파이 인기를 능가하는 화장품

남한의 화장품이 북한에서도 대단히 인기라고 한다. 어떤 경로를 거쳐서 확인하는지는 정확치 않지만 일부 북한 여성들은 남한 화장품 이름과 성분들까지도 상세하게 꿰차고 있다고 한다. 가까우면서 먼 나라 북한의 여성들에게도 한국 화장품의 인기가 굉장히 높다고 한다면 한국 화장품은 이미 세계 시장에 내놓아도 손색이 없을 정도로 그 제품 성능과 효과를 인정받고 있는 셈이다.

화장품은 여성들만의 전용 상품을 넘어 이제는 남성들도 없어서는 안될 필수품으로 자리잡은지 오래되었다. 일부 대도심의 북한 남성들도 화장품을 즐겨찾기 시작했다고 하니 화장품을 사용하는 것은 남과 북이 전혀 다를 바가 없는 것 같다.

국내에서 판매되고 있는 화장품 중 Innisfree(이니스프리) 사의 브로콜리 성분이 함유되어 있는 제품은 피부 미용을 넘어 얼굴에 생기는 물 사마귀 종류의 피지를 예방하고 제거하는 효과가 있다고 한다. 또 다른 회사의 알로에 젤이라는 상품은 피부미용은 물론 화상에 바르면 일시적으로 열기를 빼주어서 화상치료에 도움이 된다고 한다. 특히 Lui & Lei(루이엔 레이)사의 경우에 제품과 관련된 언론기사 내용을 보면 "상어점액질 성분과 산양삼과 동충하초의 천연 성분으로 만들어 시판중인 화장품은 피부노화와 주름살을 방지하고 미백효과에 탁월할 뿐 아니라, 더 나아가서는 유전체분석 알고리즘 기술을 활용한 바이오 화장품을 개발 중에 있다고 한다." Lui & Lei사에서 개발 중인 신제품은 화장품에 대한 고정관념을 넘어선 최첨단 과학이 접목된 굉장한 바이오제품이 탄생할 것만 같은 큰 기대감을 갖게 한다.

　여성의 아름다움을 더욱 돋보이게 하는 역할을 했던 화장품이 이제는 남성들의 필수품으로 그리고 피부 미용을 넘어서 특정 피부치료의 역할은 물론 기능복원에 이르기까지 그 기능과 성능이 차츰 발전하여 의학과의 장벽이 점차 줄어들고 있다.

　예전에는 난방은 물론 온수나 세탁기 그리고 흔한 고무장갑조차 없던 시절이 있었다. 어머니들께서는 추운겨울에도 찬물로 부엌일과 빨래를 하셨고 남성들 역시 변변한 장갑조차 없이 일을 했던 시절에 손과 발에 동상 걸리는 일이 비일비재 하였다. 필자기억으로는 동상에 걸린 손과 발을 치료하기위해 식재료로 사용하는 가지를 수확하고 난 후 그 가지 대를 푹 삶아서 삶은 물에 손과 발을 상당시간 담구는 것을 여러 날 동안 반복하여 동상을 치료하던 기억이 난다. 그 당시만 해도 동상을 치료하는 약도 충분하지 않았을 뿐더러, 병원에서 동상을 치료하기에는 그 비용이 너무나 비싸기 때문에 구두로 전해오는 민간 치료방법에 많이 의존할 수밖에 없었을 것이다.

　남한에 비하여 지역적으로 추울 수밖에 없는 북한은 동상 때문에 고생하는 사람들이 많을 것이다. 남한의 우수한 화장품 기술을 활용하여 우리가 일상생활에서 자주 사용하는 핸드크림에 동상을 예방하고 치료하는 성분을 첨가한 핸드크림을 제조하여 판매한다면 추운 겨울 거칠어진 손의 피부도 보호하고 동상의 고통에서 다소나마 벗어날 수 있게 된다면 북한지역은 물론 추운 지역의 여러 나라 사람들이 최고로 선호하는 화장품중 하나가 될 수 있을 것이다.

탈부착 가능한 보온매트로 따뜻한 겨울 보내기

남한에는 70년대 초까지는 산에서 땔감재료를 대부분 조달했기 때문에 많은 산들이 헐벗게 되었고 심지어 땔감을 가지치기 위주로 하지 않고 큰 나무를 베거나 무리하게 많은 나무를 땔감으로 비축하는 경우에 이를 감시하고 관리 감독하는 산감[11] 이라는 단속원이 있을 정도였다. 북한지역의 산들이 많이 헐벗었다고 한다. 그 주된 이유는 산에 있는 나무들을 땔감으로 사용하고 있기 때문이다. 이에 북한에서 땔감을 구입하는 고민을 다소 덜어주고자 한다.

남쪽에는 70년대 초 새마을 보일러라는 것이 한창 유행하였다. 기존의 구들장은 아랫목과 윗목이 있을 정도로 방 안이 고루 따뜻하지 못했는데 방바닥 전체에 고루 고무호스를 깔고 그 위를 시멘트로 마감하고 장판을 깔았다. 방바닥에 깐 고무호스 양끝 부분을 부엌 아궁이가 있는 곳 까지 빼내어서 연탄화덕 윗부분 벽면에 부착해 놓은 물통과 연결하고 그 물통에 열에 강한 재질의 또 다른 호스를 연결해서 연탄 사이즈 크기의 넓적하고 둥그런 모양의 스테인리스 재질로 된 물통과 연결하였다. 부엌벽면에 부착된 물통에 물을 넣어주면 방바닥에 있는 호수와 스테인리스 재질의 넓적하고 둥그런 물통에 까지 물이 가득 차고 스테인리스 재질의 물통을 연탄화덕에 올려놓으면 연탄불에 의해 물이 끓게 되는데, 끓는 물이 순환되면서 방바닥 전체를 골고루 따뜻하게 데워줘서 겨울철에 춥지 않게 편히 지낼 수 있었다.

아침에는 밤새 따뜻하게 데워진 보일러 호수안의 물을 빼내어서 세면을

---

11) 산림을 관리하고 감독하는 공무원으로 일제말기에 사용된 용어이나 70년대 초까지 단속공무원을 지칭하는 용어로 사용되었음. 다른 말로는 산감독, 산림감수라고도 한다.

하였고, 밤새 물을 데워준 화덕속의 연탄불은 아침에는 식사를 준비하는데 조리용으로 사용하였다. 난방과 온수 그리고 조리까지 3가지 역할을 충분히 감당해주었던 것이 연탄과 새마을 보일러였다.

그 후 전력사정이 좋아지면서 전기장판에 이어서 전기담요가 등장하게 되었다. 최근 몇 년 전부터 예전의 구들장 같이 따뜻한 느낌을 주는 온수 매트가 유행하게 되었는데, 장판사이에 고무호수를 넣고 제작한 온수매트와 전기로 물을 데워서 장판속의 고무호수 속을 순환시키는 간단한 물통 형태의 전기보일러가 한 세트로 되어있어 예전의 새마을 보일러와 같은 기능을 가진 온수 매트가 등장하였다.

북한지역에 넉넉하지 않은 겨울철 난방재료를 감안해서 예전의 새마을 보일러와 지금의 온수매트의 기능을 결합한 보일러 매트를 개발하여 북한에 진출시키면 좋을 것 같다. 우선 지금의 온수 매트를 1인용, 2인용, 3인용 등 크기를 달리한 온수매트를 제작하고 각각의 온수 매트끼리는 연결할 수 있는 연결 고리를 만들어서 1인용 2개 또는 여러 개를 연결하여 2인용 또는 그 이상으로 만들어서 사용할 수 있도록 하고, 부엌에는 과거 새마을 보일러처럼 물통과 호스를 만들어서 물이 오고가는 호스를 방안에 있는 온수매트와 연결하여 사용한다면 방 전체를 공사하는 비용이나 시간을 절약할 수 있고, 적은 난방재료로도 따뜻하게 겨울을 보낼 수 있으며, 북한의 헐벗은 산림자원도 어느 정도 보호할 수 있을 것이다.

남한의 관련제품 생산 기업들은 지금의 온수매트를 개량하여 부엌에 설치할 물통과 연결호스를 과거의 것처럼 추가로 만들어서 북한지역에 판매한다면 북한 주민들은 많은 땔감을 준비하는 걱정 없이 따뜻한 겨울을 보낼 수 있게 될 것이다.

통 신

- 핸드폰 번호를 e-메일주소로
- 효자들을 높은 건물과 산으로

평 양 상 인 경 성 탐 방 기

핸드폰 번호를 e-메일주소로

인터넷 시대가 도래된 지 꽤 오래되었다. 예전에는 전문가로부터 자문을 구하거나 연륜과 학식이 높은 분들로부터 얻었던 정보와 지식을 요즘에는 인터넷을 통해서 간단하게 해결하고 있다. 또한 물건구입이나 항공권을 비롯하여 식료품 주문도 가능하고 기본적인 금융거래까지도 가능하다. 게다가 국내외의 특정인이나 기관에 편지나 서류 등도 간편하게 보낼 수 있는 정말 편리한 시대 속에서 살고 있는 것이다.

남북한 간에 왕래가 시작된다면 그동안 금지되었던 3통 중 통행을 포함한 통관, 통신의 문제도 자연히 해결될 가능성이 높을 것이다. 3통문제가 전부 해결된다면 남북한 간에 많은 서신과 서류들이 오고가는 일들이 많아질 것이고 이러한 일을 하는데 기존의 우체국을 이용한 우편통신보다는 인터넷 메일을 이용하는 일들이 많아질 것이다.

북한개방 초창기에 대다수의 남북한 주민들 모두 인터넷을 이용한 메일을 주로 사용할 가능성이 높음에도 인터넷에 익숙하지 않은 북한주민들이 인터넷 메일을 작성해서 보낼 때 반드시 필요한 상대방의 메일 주소를 확인하거나 확인된 주소를 기억한다는 것은 그다지 쉽지 않을 것이다. 필자는 이런 어려움을 다소나마 해결하기 위해서 핸드폰 번호를 인터넷 e-메일 주소로 사용하면 좋겠다는 생각을 해보았다.

필자는 인터넷 검색을 통해서 필자와 같은 생각을 하신분이 2001년에 이미 전화번호를 메일주소로 지정하고 메일주소로 자동으로 전화를 연결하는 방법에 대한 기술을 개발하여 특허를 받은 사실을 확인할 수 있었다. 참으로 다행스러운 일이다. 메일주소를 확인하기 위해서 상대방을 만나거나 다른 수단을 통해서 메일주소를 확인해야하는 불편함을 줄일 수 있고, 기존의 인터넷 메일 주소에 비하여 쉽게 암기나 메모를 할 수 있는 전화번호를 메일주소로 사용할 수 있다면 얼마나 편리하겠는가?

다가오는 첨단시대에서도 꼭 필요한 방법일 것 같다. 이런 방법을 이용한다면 메일주소를 잘못 입력하여 전송이 실패되는 사례도 상당수 감소하게 될 것이며 상대방의 전화번호만으로도 메일을 주고받을 수 있는 방법 그 자체만으로도 그동안 70여년의 통신 금지기간을 빠른 시간에 회복하는 데 많은 도움이 될 것이라고 생각한다. 선견적인 생각으로 편리성과 비용절감이 가미된 아이디어를 생각에 그치지 않고 개발과 함께 특허를 출원하신 분께 지면을 통해 감사함을 전하고 싶다. 전화번호를 이용한 인터넷 메일을 사용하여 남북한 간에 자유스럽고 편리한 통신이 이루어질 날이 하루빨리 도래되었으면 좋겠다.

남과 북이 통일이 되면 전자메일을 남쪽이나 북쪽 상호간 어느 지역에서든지 컴퓨터를 쉽게 이용할 수 있도록 서로 다른 키보드 좌판의 글자 배열과 스마트폰 문자 배열도 시급히 통일 되어야만 할 것이다.

효자들을 높은 건물과 산으로

필자는 예전에 직장 생활을 할 때 동료들과 가끔씩 높은 산에 산행을 한 적이 있었다. 산 정상에 다다르면 항상 볼 수 있는 것들이 몇몇 있는데 그것은 산 정상의 고도와 해발을 나타내는 표지석과 산의 정상임을 나타내는 입석이나 기념석 등이 눈에 보인다. 그리고 통신사의 중계탑이 철제로 만들어진 울타리 속에 설치되어 있다. 신기할 만큼 산 정상위에서도 멀리 떨어져 있는 사람들과 일반통화는 물론 영상통화도 가능할 뿐 아니라, 귀가하기 위해 대중 교통편을 확인하거나 기차나 고속버스 예매까지도 쉽게 할 수 있었다. 이러한 일들은 오래전부터 휴대폰만 있으면 얼마든지 가능한 일들이 되었다.

이동통신사들의 중계기가 그렇게 우리들에게 효자노릇을 톡톡히 하고 있는 것이다. 남한지역에는 도심 속의 높은 지역 아파트를 비롯하여 주택 옥상이나 시골길을 가다보면 많은 사람들에게 편리함을 주기 위해서 산 정상 쪽에 이들 효자들이 곳곳을 지키고 있다.

북한의 통신 산업은 2002년 11월 11일 일반인을 대상으로 한 최초의 상업용 이동통신 서비스를 태국 록슬리 컨소시엄인 록스팩(Loxpac)사와 시작하여 2008년경에는 이집트의 통신회사 오라스콤 이라는 회사를 통하여 통신서비스를 제공하였고, 현재는 여러 이동통신사들이 서비스를 제공하고 있으며, 그 가입자 수는 대략 600만 명으로 추정된다고 한다.

북한이 개방되면 남과 북 주민들의 왕래와 이동이 당연히 빈번하게 될 것이며, 이때에 이동통신사업자들은 최대의 호황기를 맞이할 것이다. 남북한 간에 교류 초창기에는 남과 북의 지역간 이동통신은 휴대폰을 외국에서 사용하는 것처럼 별도의 칩을 구입하여 이용하거나 각각의 현지 지역통신사의 높은 통신요금을 지불하는 방식으로 통신이 이루어질 것이다.

남과 북이 통일이 되면 북한지역에서 서비스를 제공하는 이동통신사들도 마찬가지의 경우가 발생하겠지만 특히 남한의 이동통신 업체들은 최상의 품질과 서비스를 가입자들에게 제공하기 위해서라면 북한지역의 높은 건물 옥상과 산이 많은 북한지역의 높은 산 정상위에 중계탑 설치를 위한 임차계약을 북한개방 초창기에 급히 서둘러야만 할 것이다. 남북한 간에 왕래가 시작된다면 가장 시급하게 필요로 하고 사용되는 것 중의 하나가 통신이기 때문이다.

북한개방 초기에 진출해야 하는 여러 사업들 중 동일한 언어를 사용하는 민족 상호간 사용하는 통신 수단을 국내 기업이 선점하는 것은 지극히 당연한일인 것이다. 그러나 외국 통신사의 경우에도 북한 이동통신 사업에 진출하는 것을 인위적으로 제한하거나 막을 수는 없기 때문에 곳곳에 많은 중계기를 설치하여 국내 또는 외국통신사 구분 없이 우수한 품질의 통신서비스를 제공하는 통신 사업자를 고객들은 선호할 것이다. 관련업계에서는 통신 중계기 설치가 필요한 장소를 사전에 조사하고 법적으로 북한개방이 발효되는 즉시 해당지역 부터 임차하는 일들을 최우선적으로 수행해야 할 것이다.

나가는 글

금번 원고를 마감하면서도 앞선 두 차례의 집필을 마무할 때와 같이 필자의 생각을 충분히 담지 못했다는 아쉬움이 있다. 그러나 이번 필자의 저서를 시작으로 후일에 더욱 훌륭한 연구서가 나올 수 있는 계기가 되기를 기대해 본다.

본 저서는 북한유망 투자 업종뿐 아니라 통일시대를 대비하여 필자가 생각해 두었던 새로운 사업 아이템들에 대한 아이디어를 담은 책자다. 이런 시도는 필자가 처음으로 제시해 보는 것이기 때문에 기업들이나 개인들의 전략과 생각의 차이가 있을 수 있겠지만 필자의 생각을 통해서 새롭고 더 좋은 사업의 영업을 개척할 수 있는 작은 디딤돌이 된다면 필자에게는 더없는 영광이 될 것이다.

북한진출 유망 업종이나 사업에 대한 설명과 소개 정도의 내용만으로 마무리하게 된 점은 매우 아쉬운 부분이다. 개인이나 기업들이 북한에 진출하거나 투자하는 경우에 필요한 절차를 포함하여 관련법규와 세부적인 방법론 등에 대해서는 담지 못하였다. 그에 대한 요청이 많을 경우에는 별도의 방법을 마련해서 도움을 드리도록 노력할 예정이다.

이 책은 북한진출을 희망하는 기업이나 개인들에게 통일 사업에 참여하는 것은 어렵거나 불가능하지 않고 먼 곳에 있지 않고 가까운 우리 생활속에서 있다는 사실을 일깨워줄 수 있는 작은 계몽서가 되기를 소망해 본다.

주요 경제지대
개발계획 현황

본 자료는 향후 북한에 진출하여 투자를 희망하는 기업이나 개인들에게 도움이 되기 위하여 2018년에 조선민주주의인민공화국·외국문출판사에서 발간한 조선민주주의인민공화국 주요경제지대들의 자료를 참고하여 작성한 내용입니다.

목 차

Ⅰ. 개발구 구분

1. 경제개발구 구분(업무별 : 총 27개)

구 분	관광개발구	경 제 무역지대 및 개발구	공 업 개 발 구	농 업 개 발 구	록 색 시 범 구	수 출 가 공 구	첨단기술 개 발 구
	6	9	4	3	1	3	1
구역	금강산 (국제관광특구) 무봉, 청수 (국제관광특구) 신평, 온성섬, 원산-금강산 (국제관광지대)	강남, 경원, 라선, 만포, 신의주, 압록강, 청진, 황금평 -위화도, 혜산	위원, 청남, 현동, 흥남	북청, 숙천, 어랑	강령 (국제록색시범구)	송림, 와우도, 진도	은정

2. 경제개발구 구분(지역별 : 총 27개)

구분	평양시	남포시	중앙급경제 개발구	강원도	량강도
	1	1	8	1	2
구역	1. 강남 경제개발구	1. 와우도 수출가공구	1. 강령 국제록색시범구 2. 금강산 관광특구 3. 라선경제 무역지대 4. 신의주 국제경제지대 5. 원산-금강산 관광지대 6. 은정 첨단기술개발구 7. 진도 수출가공구 8. 황금평-위화도 경제지대	1. 현동 공업개발구	1. 무봉 국제관광특구 2. 혜산 경제개발구

구분	자강도	평안남도	평안북도	함경남도	함경북도	황해북도
	2	2	2	2	4	2
구역	1. 만포 경제개발구 2. 위원 공업개발구	1. 숙천 농업개발구 2. 청남 공업개발구	1. 압록강 경제개발구 2. 청수 관광개발구	1. 북청 농업개발구 2. 흥남 공업개발구	1. 경원 경제개발구 2. 어랑 농업개발구 3. 온성섬 관광개발구 4. 청진 경제개발구	1. 송림 수출가공구 2. 신평 관광개발구

Ⅱ. 각 지역별 현황

1. 평양시

가. 강남

위　　　치	평양시 남서부 강남군 고읍리
면　　　적	3㎢ (907,500평)
대 상 업 종	수확 우량품종 육종과 첨단제품가공 및 임가공
계획개발지대구분	경제개발구

2. 남포시

가. 와우도

위 치	남포시 와우도 구역의 령남리
면 적	1.5㎢ (453,750평)
대 상 업 종	선진적인 개발 및 운영방식이 도입된 수출지향형 가공조립업
계획개발지대구분	수출가공구

3. 중앙급 경제개발구

가. 강령

위 치	황해남도 강령군 강령읍
면 적	3.5㎢ (1,058,750평)
대 상 업 종	록색상업기술연구개발, 유기농산물 및 수산물가공
계획개발지대구분	국제록색시범구

나. 금강산

위 치	강원도 고성군과 금강군
면 적	225㎢ (68,062,500평)
대 상 업 종	금강산관광
계획개발지대구분	국제관광특구

다. 라선

위 치	라선시
면 적	470㎢ (142,175,000평)
대 상 업 종	국제적인 중계수송, 무역 및 투자, 금융, 관광, 봉사업
계획개발지대구분	경제무역지대

라. 신의주

위 치	평안북도 신의주시
면 적	40㎢ (12,100,000평)
대 상 업 종	현대농업, 관광휴양, 대외무역
계획개발지대구분	국제경제특구

마. 원산

위 치	강원도 일부지역
면 적	440㎢ (133,100,000평)
대 상 업 종	생태환경이 보장되는 국제적인 휴양, 치료관광, 역사유적관광
계획개발지대구분	금강산 국제 관광지대

바. 은정

위 치	평양시 은정구역 1, 2지구
면 적	2㎢ (605,000평)
대 상 업 종	정보기술, 나노 및 새 재료, 생물공학분야의 연구개발과 도입, 첨단기술제품의 생산과 수출, 첨단기술전시와 교류
계획개발지대구분	첨단기술개발구

사. 진도

위 치	남포시 와우도구역 령남리
면 적	1.37㎢ (414,425평)
대 상 업 종	원료, 자재, 부속품을 수입하여 현대적인 기계, 전기, 전자, 경공업, 화학제품들을 생산 수출하는 보세가공무역
계획개발지대구분	수출가공구

마. 황금평

위 치	평안북도 신의주시 신도군
면 적	52.49㎢ (15,878,225평)
대 상 업 종	정보산업, 경공업, 농업, 상업, 관광업
계획개발지대구분	위화도경제지대

4. 강원도

가. 현동

위 치	강원도 원산시 현동리
면 적	2㎢ (605,000평)
대 상 업 종	정보산업, 경공업, 관광기념품 생산업
계획개발지대구분	공업개발구

5. 량강도

가. 무봉

위　　　　　치	량강도 삼지연군 무봉로동자구
면　　　　　적	20㎢ (6,050,000평)
대　상　업　종	백두산지구참관과 관광객들에 대한 종합봉사, 관광 상품생산
계획개발지대구분	국제관광특구

나. 혜산

위　　　　　치	량강도 혜산시 신장리
면　　　　　적	1㎢ (302,500평)
대　상　업　종	수출가공, 현대농업, 관광휴양, 대외무역
계획개발지대구분	경제개발구

6. 자강도

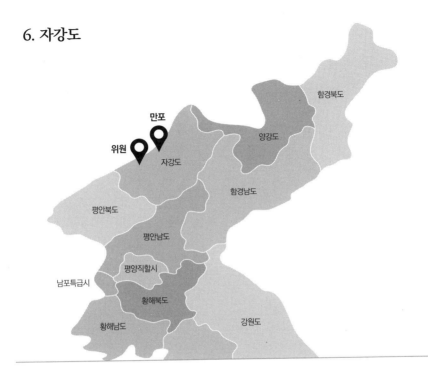

가. 만포

위 치	자강도 만포시 미타리 및 포상리
면 적	3.9㎢ (1,179,750평)
대 상 업 종	현대농업, 관광휴양, 대외무역
계획개발지대구분	경제개발구

나. 위원

위 치	자강도 위원군 덕암리 및 고성리
면 적	2.3㎢ (695,750평)
대 상 업 종	광물자원가공, 목재가공, 기계설비제작, 농토산물가공, 잠업, 담수양어과학연구
계획개발지대구분	공업개발구

7. 평안남도

가. 숙천

위 치	평안남도 숙천군 운정리
면 적	3㎢ (907,500평)
대 상 업 종	다수확우량품종들의 육종과 채종, 농산, 축산, 과수, 남새, 버섯부문생산 및 가공, 기술연구 개발
계획개발지대구분	농업개발구

나. 청남

위 치	평안남도 문덕군 및 청남구 룡북협동농장 지역
면 적	2㎢ (605,000평)
대 상 업 종	채취설비와 부속품, 공구제작, 석탄을 원료로 하는 화학제품 생산, 대외무역
계획개발지대구분	공업개발구

8. 평안북도

가. 압록강

위　　　　치	평안북도 신의주시 룡운리
면　　　　적	6.3㎢ (1,905,750평)
대　상　업　종	현대농업, 관광휴양, 대외무역
계획개발지대구분	경제개발구

나. 청수

위　　　　치	평안북도 삭주군 빙산리 및 청성로동자구
면　　　　적	20㎢ (6,050,000평)
대　상　업　종	압록강 유역의 유리한 자연 지리적 조건을 이용한 관광봉사
계획개발지대구분	관광개발구

9. 함경남도

가. 북청

위 치	함경남도 북청군
면 적	3.5㎢ (1,058,750평)
대 상 업 종	과수업, 과일종합가공업, 축산업을 기본으로 하는 고리형 순환 생산체계 확립
계획개발지대구분	농업개발구

나. 흥남

위 치	함경남도 함흥시 덕풍동
면 적	2.2㎢ (665,500평)
대 상 업 종	보세가공, 화학제품, 건재품생산, 기계설비제작
계획개발지대구분	공업개발구

10. 함경북도

가. 경원

위　　　치	함경북도 경원군 류다섬리
면　　　적	1.91㎢ (577,775평)
대 상 업 종	전자제품생산, 수산물가공업, 정보산업제품, 피복가공업, 식료가공업, 관광업
계획개발지대구분	경제개발구

나. 어랑

위 치	함경북도 어랑군 룡전리 및 부평리
면 적	5.1㎢ (1,542,750평)
대 상 업 종	고리형 순환 생산체계를 도입한 농축산기지, 채종과 육종을 포함한 농업과학연구개발기지
계획개발지대구분	농업개발구

다. 온성섬

위 치	함경북도 온성군 온성읍
면 적	1.69㎢ (511,225평)
대 상 업 종	골프장, 승마장, 경마장, 관광봉사
계획개발지대구분	관광개발구

라. 청진

위 치	함경북도 청진시 송평구역 월포리와 수성동 및 남석리
면 적	5.4㎢ (1,633,500평)
대 상 업 종	금속가공, 기계제작, 건재생산, 전자제품생산, 국제화물중계수송, 경공업제품, 수출가공업, 대외무역
계획개발지대구분	경제개발구

11. 황해북도

가. 송림

위 치	황해북도 송림시
면 적	2㎢ (605,000평)
대 상 업 종	수출가공업, 창고보관업, 화물운송업
계획개발지대구분	수출가공구

나. 신평

위 치	황해북도 신평군 평화리
면 적	8.1㎢ (2,450,250평)
대 상 업 종	명승지들에 대한 유람과 탐승, 휴양, 체육, 오락 등 다양한 관광봉사
계획개발지대구분	관광개발구

Ⅲ. 기 타

1. 관련근기

- 2013년 5월 29일 최고인민회의 상임위원회 정령 제3192호로 조선
  민주주의인민공화국 경제개발구법 채택공포
- 2013년 11월 21일, 2014년 7월 23일 최고인민회의 상임위원회
  정령 10여개의 직할시, 도들 경제개발구 창설 선포

2. 행정구역

- 3개 직할시와 9개 도
  직할시 : 평양시, 라선시, 남포시
  도 : 평안남도, 평안북도, 황해남도, 황해북도, 함경남도, 함경북도,
      자강도, 량강도, 강원도

3. 관련법령

- 최고인민회의 상임위원회 제정
  조선민주주의인민공화국 경제개발구법, 경제개발구 창설규정, 경제
  개발구 개발규정, 경제개발구 환경보호규정, 경제개발구로 동 규정
  시행세칙 외 다수의 관련 법, 규정, 세칙을 제정

4. 투자자보호

- 경제개발구에서는 투자가들 위한 조선민주주의인민공화국 경제개
  발구법
  → 경제활동을 보장
  → 부여된 권리와 리익과 신변 안전은 법적으로 보호받는다.

5. 투자자 혜택

- 경제개발구에서 하부구조건설부문과 첨단과학기술부문, 국제시장에서 경쟁력이 높은 상품을 생산하는 부문의 투자를 특별히 장려
  - → 투자기업에 토지위치선택 우선권, 토지사용료 면제
- 경제개발구에서 10년 이상 운영하는 기업
  - → 기업소득세 절감 또는 면제
- 리윤을 재투자하여 등록자본을 늘리거나 새로운 기업을 창설하여 5년이상 운영할 경우
  - → 재투자분의 해당 기업소득세의 50% 반환(감면)
- 경제개발구에서 개발기업은
  - → 관광업, 호텔업의 경영취득 우선권 부여
  - → 재산과 하부구조시설, 공공시설운영에는 세금 미부여(면제)
- 토지임대기간 최고 50년
- 기업소득세율
  - → 결산이윤의 14%
  - → 장려부문은 결산이율의 10%
- 물자의 반출입은 신고제로 한다.
- 경제개발구 건설용물자, 가공무역, 중계무역, 보상무역을 목적으로 반입되는 물자, 기업의 생산 또는 경영용 물자, 생산한 수출상품, 투자가가 사용할 생필품, 그밖에 국가가 정한물자는 관세를 부여하지 않음.(면제)

※ 본 내용은 조선민주주의인민공화국·외국문출판사에서 2018년에 발간된 조선민주주의인민공화국 주요경제지대들 자료의 내용을 발췌·정리하였음.

평양 상인 경성 탐방기

북한개방 시 유망사업 업종별 아이템

초판 1쇄 발행 2020년 2월 6일

지은이 김희철

펴낸이 오세룡
기획·편집 김영미, 박성화, 손미숙, 김정은
취재·기획 최은영, 곽은영
디자인 디자인포인트
　　　　　고혜정, 김효선, 장혜정
홍보·마케팅 이주하

펴낸곳 수류책방
　　　　서울특별시 종로구 새문안로3길 23 경희궁의 아침 4단지 805호
　　　　대표전화 02)765-1251 전송 02)764-1251
　　　　전자우편 suryubooks@hanmail.net
　　　　출판등록 제2014-000052호

ISBN 979-11-952794-7-0 (03320)

정가 14,000원

수류책방은 담앤북스의 인문·교양 브랜드입니다.